LIBRAIRIE
DE L. LEFORT, IMPRIMEUR-ÉDITEUR A LILLE

ET CHEZ TOUS LES PRINCIPAUX LIBRAIRES.

—◦{ JUILLET 1854 }◦—

Pour paraître vers la fin d'Août prochain.

HISTOIRE COMPLÈTE

ET OFFICIELLE

Des Fêtes qui ont eu lieu en 1854

A L'OCCASION DU SIXIÈME JUBILÉ SÉCULAIRE

DE NOTRE-DAME DE LA TREILLE

PATRONNE DE LA VILLE DE LILLE.

1 beau volume grand in-8°, orné de lithographies,

par M. l'abbé **CAPELLE**, Missionnaire apostolique.

Délégué par Mgr l'Archevêque de Cambrai pour présider aux préparatifs de cette Fête Jubilaire et en ordonnancer tous les détails, M. l'abbé Capelle s'est acquitté de ces fonctions avec un zèle et une entente qui a emporté tous les suffrages. L'éclat et la magnificence de cette fête ont répondu à la dignité de son objet, à l'attente des fidèles, à ce point que, de mémoire d'homme, l'on n'avait vu une pareille manifestation de la foi, un recueillement aussi solennel de la part de tous les habitants d'une grande ville, et de l'immense concours d'étrangers accourus, même des contrées les plus éloignées.

M. l'abbé Capelle a été chargé officiellement par Monseigneur l'Archevêque de Cambrai de tracer l'historique de cette fête mémorable, par un travail sérieux, réfléchi et complet, et de léguer ainsi à la postérité, avec le talent dont il a déjà fait preuve [1], toutes les circonstances d'un si haut et si unanime témoignage de piété envers la sainte Vierge.

L'ouvrage sera orné de magnifiques lithographies, et le prix ne dépassera pas 5 fr. pour les souscripteurs. (6 fr. 25 *franco* par la poste.)

Se faire inscrire de suite à notre Librairie, ou chez tous les principaux Libraires, si l'on veut recevoir aussitôt la mise en vente.

—◦{◦}◦—

[1] Vie du Cardinal Giraud, archevêque de Cambrai. 1 vol. in-8.° portrait. 4 fr.

AUTRES OUVRAGES ANTÉRIEUREMENT PUBLIÉS

HISTOIRE DE NOTRE-DAME DE LA TREILL

AUGUSTE ET MIRACULEUSE PATRONNE DE LA VILLE DE LILLE.

1 volume p. in-12. 3 vignettes : **1 fr. 50** cent. (1 fr. 90 franc de port par la poste.)

PÈLERINAGE DE NEUF JOURS

A NOTRE-DAME DE LA TREILLE.

1 volume grand in-12, *pages encadrées* : **1 fr. 25** cent.

(1 fr. 60 c. franc de port par la poste.)

Le même ouvrage, édition in-18 : **75** centimes. (1 fr. franc de port par la poste.)

MOIS DE NOTRE-DAME DE LA TREILLE

LECTURES PIEUSES POUR 31 JOURS

OFFRANT AUSSI LA FORME DE DIVERSES NEUVAINES EN L'HONNEUR DE LA SAINTE VIERGE

1 vol. in-18. fig. **30** centimes. (40 cent. franc de port par la poste.)

NEUVAINE A NOTRE-DAME DE LA TREILLE

1 volume in-32 : **15** centimes. (20 c. franc de port par la poste.)

ESSAI HISTORIQUE

SUR LA COLLÉGIALE DE SAINT-PIERRE A LILLE

1 volume grand in-8°

dédié à S. E. le Cardinal Giraud, Archevêque de Cambrai,

et orné de 4 lithographies. Prix : 2 fr. 50 c.

(3 fr. franc de port par la poste.)

MÉMOIRES SUR LA VIE DE M. JEAN LEVASSEUR [1],

Mayeur de la ville de Lille au XVIIe siècle,

ET SUR LA FONDATION DE LA CHARTREUSE DE LA BOUTILLER

PAR DOM MICHEL CUVELIER, RELIGIEUX DE LADITE CHARTREUSE.

1 vol. in-8° : **2 fr. 50**.

(3 fr. franc de port par la poste.)

---

[1] C'est M. Levasseur qui, étant mayeur, en 1634, a consacré solennellement la ville de Lille à N.-D. de la Trei

EN VENTE :

MAITRE MATHURIN

ENTRETIENS FAMILIERS SUR LA RELIGION

ENTRE UN OFFICIER EN RETRAITE ET UN JARDINIER,

par M. DE SAINT-MARTIN DES ISLETS, ancien sous-préfet

1 VOLUME IN-12, ORNÉ D'UNE JOLIE GRAVURE : **80** CENTIMES.

(1 fr. 10 c. franc de port *par la poste.*)

———— remise selon l'importance des demandes. ————

« Ce livre, particulièrement destiné aux ouvriers et aux gens de la campagne, est aussi solide qu'édifiant. Il ne peut manquer de faire beaucoup de bien à ceux qui le liront, et nous le leur recommandons avec confiance. »

Cet extrait de l'approbation de Mgr l'Évêque de Soissons prouve que *Maître Mathurin* est un bon livre quant au fond et à la forme.

Ce n'est pas un cours de doctrine chrétienne que l'auteur a entrepris d'écrire, mais une réfutation des objections les plus populaires contre la religion et contre les prêtres ; il n'accumule pas les preuves, comme s'il s'adressait à un savant plus disposé à contester qu'à se rendre à l'évidence ; mais il parle le langage du bon sens, comme il convient de le faire avec un jardinier, avec un homme qui ne demande pas mieux que d'être convaincu des vérités qu'il a jusqu'alors ignorées, ou auxquelles il n'a pas prêté une assez sérieuse attention.

Style animé, varié, sans prétention, sans méthode trop didactique, voilà ce qu'est le dialogue entre Maître Mathurin et l'Officier en retraite. C'est une conversation dont l'auteur n'a été pour ainsi dire que le sténographe. C'est la nature prise sur le fait.

Rien de plus simple et de plus actuel que la mise en scène ; c'est bien ainsi qu'à propos de la maladie de la vigne et des pommes de terre, de la cherté des vivres, la conversation a dû s'engager, et Maître Mathurin, l'homme sans religion, ignorant, bon cœur du reste, battu successivement sur tous les points, finit par s'avouer vaincu et heureux de l'être.

Écoutons-le plutôt lui-même :

« **Mathurin.** Si je ne deviens pas chrétien de cette fois, ce ne sera pas de votre faute au moins.... Si vous m'en croyez, vous coucherez par écrit tout ce qui s'est dit entre nous. Mes pareils y verront à chaque page des preuves de ma sottise et de mon ignorance, et j'y suis tout résigné ; mais ils y trouveront aussi des conseils dont Dieu s'ils ont besoin. Faites cela, Monsieur, et vous n'y aurez pas regret.

L'Officier. J'y aviserai, Maître Mathurin. Savez-vous que c'est une affaire de liv ses œuvres au public? Je ne suis point accoutumé à l'occuper de moi. Cependant, si croyais que ces entretiens dussent profiter à d'autres, j'en prendrai peut-être mon par Je ne sais rien de plus désirable pour un honnête homme que de se rendre utile.

Sur quoi je vous quitte, à moins que n'ayez encore des objections à me faire.

Mathurin. Des objections ! je n'en ai plus. En fait d'objections, je me suis saign comme on dit, jusqu'au blanc.... »

Je le crois bien, car il n'a rien oublié : depuis les fléaux de Dieu attribu uniquement à des causes physiques jusqu'aux calomnies de tout genre contre l prêtres, il a fait feu de toutes les armes rouillées, et toujours les mêmes, q l'impiété passe de main en main ; et elles n'ont point porté coup une seule foi On le savait bien d'avance, et il en sera toujours ainsi; mais il y a plaisir profit à le voir une fois de plus, et à le faire voir aux autres. Aussi Maît Mathurin doit être sous peu dans toutes les bibliothèques de bons livres. l lecture n'en coûte ni beaucoup de temps ni beaucoup d'argent.

Table des matières contenues dans MAÎTRE MATHURIN :

PREMIER ENTRETIEN. Dieu maître de toutes choses; sa toute-puissance, sa bonté, sa justice. — Nécessité connaître les vérités de la religion. — La connaissance de ces vérités accessible à tous. — Réponses à des préjugés con les prêtres et la confession. — Anecdotes. — Bienfaits de la religion. — Libre arbitre ; conscience. — Caractères de vraie religion. — Zèle des missionnaires. — Les fausses religions. — L'Eglise catholique, son établissement, s admirable hiérarchie; les Apôtres et leurs successeurs. — Origine de l'homme ; son état d'innocence. — Le ge humain tout entier infecté dans sa source par le péché. — Les bons et les mauvais anges.

SECOND ENTRETIEN. Le catéchisme. — Règle de conduite pour vivre chrétiennement. — La prière : pourq prier Dieu le matin et le soir, et lui offrir toutes les actions de la journée? — Le dimanche jour du Seigneur ; obs vation du dimanche et des fêtes ; gravité de l'infraction à cette loi. — Cas où le travail du dimanche peut n'être un mal. — L'assistance à la messe de précepte rigoureux. — Les sacrifices en général et le saint sacrifice de la mess la Communion. — Certitude de la résurrection des morts ; preuves de ce dogme. — Les saints de la primitive Egli modèles de pénitence. — La sanctification possible dans toutes les conditions. — Inutilité de la science sans la religi — L'inobservance du dimanche et le blasphème, principales causes des fléaux dont Dieu nous frappe. — La médisan ses funestes effets.

TROISIÈME ENTRETIEN. Quelques mots sur la merveilleuse apparition de la sainte Vierge à la Salette. — l rapports avec le prochain. — Dangers des mauvaises compagnies. — Moyen de se soustraire aux mauvais exemples. Suites déplorables de l'ivrognerie. — Conclusion. — L'Ecriture sainte, Ancien et Nouveau Testament. — Précis succi sur la vie de N.-S. J.-C.

HISTOIRE

DU JUBILÉ SÉCULAIRE

DE NOTRE-DAME DE LA TREILLE

1854

HISTOIRE COMPLÈTE
DES FÊTES
qui ont eu lieu en 1854,
à l'occasion du Jubilé séculaire
DE
NOTRE-DAME DE LA TREILLE
Patronne de la Ville de Lille,

par l'Abbé Capelle, Missionnaire Apostolique

LILLE,
L. LEFORT, ÉDITEUR.

HISTOIRE

COMPLÈTE

DES FÊTES CÉLÉBRÉES A LILLE, EN 1854,

A L'OCCASION DU

JUBILÉ SÉCULAIRE

DE

NOTRE-DAME

DE LA TREILLE

Patronne de cette ville,

PAR M. L'ABBÉ CAPELLE,

Missionnaire apostolique.

DE MARIA NUNQUAM SATIS.
S. BERNARD.

LILLE

L. LEFORT, LIBRAIRE

IMPRIMEUR DE MONSEIGNEUR L'ARCHEVÊQUE DE CAMBRAI

1854

—•≺ PROPRIÉTÉ ≻•—

A

Sa Sainteté

LE

PAPE PIE IX

Hommage

DE VÉNÉRATION, D'OBÉISSANCE, D'AMOUR

ET DE DÉVOUEMENT.

CAPELLE
missionnaire apostolique.

UN MOT AU LECTEUR

Monseigneur l'archevêque de Cambrai nous a fait l'honneur de nous charger d'organiser la fête séculaire de Notre-Dame de la Treille : nous nous sommes mis à cette œuvre avec le dévouement le plus entier. C'était pour nous un devoir. Ce devoir a été doux à remplir : le culte de la Mère de Dieu nous est plus cher que l'existence ! Il a été facile : l'empressement des Lillois à nous seconder a été au-dessus de tout éloge ! Comme nous l'avons déclaré dans une circonstance solennelle, c'est au vénéré Prélat, c'est au peuple de Lille que revient l'honneur d'avoir disposé les magnificences dont la capitale de la Flandre a été le théâtre. Sa Grandeur nous a imposé un autre devoir, celui d'écrire, pour en laisser le souvenir à la postérité, l'histoire de ces fêtes extraordinaires. On comprend que cette tâche nous a été personnellement plus difficile à remplir que la première ; cependant nous avons voulu obéir encore, et, avec cette simplicité que Dieu recommande à ses serviteurs, nous avons pris la plume. Le lecteur ne trouvera point que notre livre ait un mérite littéraire, nous n'avons cherché qu'à lui en donner un seul, celui de contenir un récit complet et exact de tout ce qui a été fait sous nos yeux, à la gloire de Notre-Dame de la Treille.

HISTOIRE

DU JUBILÉ SÉCULAIRE

DE NOTRE-DAME DE LA TREILLE. 1854.

I

DISPOSITIONS PRÉLIMINAIRES.

En 1852, une grande manifestation de foi catholique présentait, dans le nord de la France, un admirable spectacle. Cambrai célébrait l'anniversaire séculaire de la déposition, dans sa vieille cathédrale, de l'image miraculeuse de Notre-Dame de Grace. Fidèle au triple culte de respect, d'amour et de confiance envers la Mère de Dieu, que lui ont transmis douze siècles de son histoire, la ville de Fénelon, à qui nous préférons donner ici le titre qu'elle se glorifie d'avoir reçu avec les lumières de la civilisation chrétienne, la ville de la Vierge, apprenait au monde que l'impiété avait été impuissante à arracher, du cœur des habitants de nos provinces, l'attachement aux saintes croyances qu'elles reçurent dès les premiers jours de leur existence sociale. Cambrai avait convié à ses grandes solennités toutes les populations qui pouvaient arriver à elle, et dans l'élan de son enthousiasme elle les avait invitées, par son exemple, à raviver leur piété envers Marie. Entre les diverses villes qui vinrent, dans ces beaux jours, déposer leurs hommages aux pieds de l'autel de la Reine des cieux, Lille avait voulu occuper un rang distingué : elle avait envoyé sa députation pour renouer le fil rompu des anciennes traditions; et les Lillois, retrouvant au sol du Cambrésis la trace des pas de leurs aïeux, qui, chaque année, venaient, le dimanche dans l'octave de l'Assomption, honorer la Mère de Grace, avaient appendu aux parois du sanctuaire un magnifique cœur d'argent, au centre duquel brillaient les vieilles armoiries de leur cité. En admirant les pompes extraordinaires qui ornaient le triomphe de Notre-Dame de Cambrai, ils s'éprenaient d'un doux sentiment d'espoir : ils pensaient que Lille avait, elle aussi, à célébrer, dans deux ans, une fête semblable en l'honneur de Notre-Dame de la Treille sa patronne. Quelques-uns se redisaient entre eux les paroles prophétiques que, peu de temps avant sa mort, prononçait un de leurs concitoyens qui s'était consumé en travaillant au bien-être de ses frères [1]. « Vous verrez,

---

[1] Paroles de M. Louis Fiévet, recueillies par M. J. B.... — M. Fiévet, aux

mes amis, vous verrez en 1854..... Oh! que la ville de Lille sera belle alors!.... Tous les Lillois n'auront qu'un même cœur, une même pensée..... on criera Vive la sainte Vierge! vive Marie!..... Les jeunes gens se disputeront l'honneur de chanter des cantiques, et nos musiques seront fières de les accompagner !!!.... »

C'est ainsi que les fêtes séculaires de Cambrai allaient trouver des imitateurs ; et déjà l'on disait que, vu les ressources dont on pourrait disposer dans l'ancienne capitale de la Flandre, les magnificences lilloises laisseraient loin derrière elles les magnificences admirées à Cambrai. Pendant le carême suivant, l'abbé Combalot, qui prêchait la station dans l'église Saint-Maurice, fut invité à parler de la reconstruction de la basilique dans laquelle était vénérée autrefois l'image de Notre-Dame de la Treille; et, à la voix de l'éloquent prédicateur, un comité s'était organisé : une souscription s'ouvrit, et une somme de trois cent mille francs, votée comme par acclamation, vint, pour ainsi dire, indiquer un des principaux articles du programme de la fête. Cambrai, pendant son Jubilé séculaire, avait replacé solennellement l'image de la Mère de Dieu au-dessus de la porte de la ville; Lille, pendant le sien, poserait la première pierre d'une église monumentale dédiée à sa patronne. Au mois de juin, la Conférence de Saint-Vincent de Paul, toujours heureuse de prendre l'initiative quand

---

vertus duquel chacun se plaisait à rendre hommage, et que l'on désignait du nom de Saint, mourut en 1846, âgé de 58 ans.

il s'agit d'opérer le bien, écrivait aux doyens des six paroisses pour leur annoncer qu'elle mettait son dévouement à leur disposition, afin de donner aux fêtes qui devaient se célébrer l'année suivante, tout l'éclat qu'elles semblaient demander; enfin, au mois de novembre, Monseigneur l'Archevêque de Cambrai chargeait un de ses missionnaires diocésains d'organiser la fête et lui donnait pleins-pouvoirs pour exercer son honorifique mission.

Cependant l'hiver arriva avec son triste cortège de misères et ses prodiges de charité. D'un côté, on voyait le peuple souffrir de la faim et de la froidure; d'un autre, le riche s'imposer tous les sacrifices pour alléger les maux du pauvre. On crut qu'il pouvait être imprudent de s'avancer sans réfléchir. On s'arrêta donc pour se demander si une fête célébrée avec magnificence, dans un temps où les vivres ne manqueraient point de se tenir encore à un taux élevé, ne serait point en opposition avec l'esprit de la religion qui prêche avant tout le soulagement des malheureux, et si d'ailleurs la charité publique, qui se montrait prodigieuse, pourrait encore, dans son épuisement, subvenir aux frais de ces pompes extraordinaires. La charité se chargea de répondre. Elle dit qu'elle saurait suffire à tout, et que si le fardeau de l'affliction était encore aussi lourd, une grande fête religieuse, qui élèverait les pensées du malheureux vers le Ciel, ne contribuerait pas peu à l'alléger; que, du reste, dans un tel état de choses, le Jubilé deviendrait une supplication solennelle vers le Dieu de toute bonté et la Mère de miséricorde, supplication qui produirait des fruits abondants de retour au Seigneur et de salut.

Ces considérations mirent fin à toutes les perplexités, et dès lors on ne songea plus qu'à marcher en avant, décidé, si pas à renverser, au moins à tourner les obstacles qui pourraient entraver la marche vers le but que l'on voulait atteindre : célébrer une fête qui fût en tout point digne de la religion et de la patronne de Lille ; une fête qui ne se bornât pas à étaler des magnificences, mais qui fît servir toutes ses splendeurs à parler à l'âme du peuple, et à amener de féconds et solides résultats.

A la fin de janvier, l'ecclésiastique chargé d'ordonnancer les fêtes s'adjoignit un comité composé de six prêtres choisis parmi les vicaires de chaque paroisse [1]. A ceux-ci, il proposa ses vues avec prière de les discuter ; et dans des réunions hebdomadaires, en s'astreignant à tenir secrètes leurs opérations, afin de ne pas s'exposer à se voir entraînés par des avis, des conseils et des critiques qui ne manqueraient pas de leur venir de toutes parts, ces messieurs examinèrent ensemble les moyens à prendre pour mener l'entreprise à bonne fin. La première décision qu'ils adoptèrent fut : que sans s'arrêter à cette considération que l'église Sainte-Catherine où était vénérée l'image de Notre-Dame de la Treille

---

[1] Les membres de ce comité furent MM. Victor Delannoy, vicaire de Sainte-Catherine ; Houvenaghel, vic. de Saint-André ; Gahide, vic. de la Madeleine ; Sapelier, vic. de Saint-Maurice ; Lecoq, vic. de Saint-Sauveur, et Carpentier, vic. de Saint-Etienne.

serait le théâtre des principales solennités, ils devaient chercher à rendre les fêtes du Jubilé, des fêtes de la ville entière, et se garder d'y faire prévaloir les heureuses dispositions des habitants de quelques divisions territoriales, dispositions qui, laissées dans leur isolement, pourraient être remarquables, mais qui ne serviraient qu'à réduire la fête à de faibles proportions et à en amoindrir l'éclat. Chacun prit l'engagement d'oublier l'intérêt paroissial, et de mettre ses travaux et ses efforts en commun pour en faire une action unique et générale.

Il serait trop long d'énumérer les principes qui furent établis comme points fondamentaux, et autour desquels il ne faudrait plus que placer les points accessoires qui en découleraient naturellement. Nous citerons seulement : la décoration de l'église jubilaire, qui dans une richesse aussi grande que possible, devait avoir un cachet historique et local; le caractère de la procession, à laquelle il fallait donner des proportions grandioses, en évitant de copier ce qui avait été fait à Cambrai; les ouvrages à commander aux entrepreneurs et aux artistes, qui ne seraient admis à travailler que d'après des dessins, plans et devis contrôlés et approuvés; enfin l'appel à faire d'abord aux dames de la ville, qui seraient immédiatement priées de confectionner des broderies, des fleurs artificielles, etc.; puis, à la Conférence de Saint-Vincent de Paul, dont le dévouement bien connu serait appelé à chercher des souscriptions pécuniaires, que l'on désirait voir se porter au moins au chiffre de vingt mille francs. Un point fut l'objet de longues discussions;

il s'agissait de savoir de quelle manière l'image de Notre-Dame de la Treille serait portée en procession. On trouva généralement qu'il fallait la placer sur un char triomphal, dont plusieurs artistes s'empressaient de tracer des dessins plus ou moins heureux ; ce char devait être traîné, selon les uns, par huit chevaux blancs caparaçonnés et conduits par des valets de pied, et, selon les autres, par des anges soutenant des guirlandes de fleurs, tandis que des hommes de peine, cachés sous des draperies, auraient en réalité conduit le véhicule. Chacun de ces moyens de locomotion avait sa richesse et sa poésie, mais il avait aussi ses inconvénients. Un homme de haut talent fut pris pour arbitre et trancha la question en ces termes : « Le char, dit-il, était autrefois comme obligatoire dans toutes les grandes processions de la Flandre ; mais depuis la fin du dernier siècle, sa place n'est plus que dans les fêtes civiles ; depuis qu'on y a fait monter des prostituées, il a complètement perdu son caractère religieux. Il faut adopter le brancard. »

Pendant que le comité s'occupait à jeter en quelque sorte les premiers jalons de la fête, son président, voulant avant tout faire connaître l'histoire du culte de Notre-Dame de la Treille, composait une notice qu'il destinait à être distribuée au peuple ; l'attention du public s'éveillait en lisant dans un journal de la localité un remarquable travail sur les fêtes célébrées à Lille en l'honneur de la sainte Madone, travail dont son auteur, M. le comte de Melun, avait donné lecture dans une des séances de l'*Association lilloise* ; et, de son côté, l'autorité supérieure ecclésiastique prenait des dispositions de nature à faire des solennités jubilaires autre chose qu'un spectacle, à leur donner leur véritable caractère et leur vie. Mgr l'Archevêque de Cambrai, sans se contenter d'inviter des prédicateurs distingués à venir y faire entendre les enseignements de la foi dans les chaires des diverses églises, voulut préparer en personne les voies du Seigneur. Il prêcha tout entière la station du carême dans l'église Saint-Maurice, et par sa parole simple, franche et paternelle, ainsi que par ses visites dans les ateliers, il disposa la foule qui se pressait autour de lui avec bonheur, à faire triompher dans les âmes la grace qui allait être donnée à la cité.

Un soir, avant de commencer sa conférence, le prélat annonça à son auditoire qu'il venait de recevoir de Rome le bref par lequel Sa Sainteté Pie ix accordait l'indulgence en forme de Jubilé, qu'il avait sollicitée pour l'anniversaire séculaire de la fête de Notre-Dame de la Treille, ajoutant : que les faveurs du souverain Pontife étaient les mêmes que celles concédées au Jubilé séculaire de Notre-Dame de Grace de Cambrai. Sa Grandeur ne pouvait donner communication d'une nouvelle plus agréable aux fidèles Lillois, qui y voyaient l'annonce officielle des fêtes que leur amour envers leur auguste patronne leur faisait désirer avec impatience.

Bientôt après, on apprit avec non moins de plaisir, que des prédications auraient lieu dans trois des églises de la ville, et que chaque paroisse irait solennellement à l'église Sainte-Catherine vénérer la sainte image, à l'heure de l'office pontifical du matin.

Telles furent les dispositions préliminaires au Jubilé de Notre-Dame de la Treille. Déjà tous les détails s'élaboraient, et, pendant les fêtes de Pâques, l'ordonnateur initiait à la connaissance de ses plans une partie des membres de la Conférence de Saint-Vincent de Paul, qui s'apprêtaient à ouvrir la souscription.

SERVICE FUNÈBRE POUR M. LEVASSEUR.

En énumérant les diverses dispositions qui ont préparé le Jubilé séculaire de Notre-Dame de la Treille, nous ne pouvons ne pas parler du service solennel célébré pour le repos de l'âme de Messire Jean Levasseur, le respectable et pieux mayeur qui, à la tête du Magistrat de Lille, consacra la cité à Notre-Dame de la Treille le 28 octobre 1634. Un hasard tout providentiel, si l'on peut joindre ces deux mots, avait, peu de temps auparavant, révélé à l'histoire le récit authentique de sa vie et les merveilles constatées cent cinquante ans plus tard à la profanation de son tombeau. Il convenait que le consécrateur de la ville de Lille à la Mère de Dieu eût sa mémoire arrachée à l'oubli, et son nom couvert de bénédictions, au moment où la ville allait se parer avec éclat du titre de Cité de la Vierge, que cet homme vertueux lui avait en quelque sorte octroyé.

Quelques jours avant cette cérémonie funèbre, le

Conseil municipal, sur la proposition du maire, M. Richebé, avait voté un subside de dix mille francs pour subvenir aux frais nécessités par les fêtes qui se préparaient ; le service pour l'âme de M. Levasseur rappelait aux élus de la cité que la religion ne perd pas le souvenir de ceux qui ont concouru avec elle à faire honorer Dieu, et qui, par leur exemple, ont appris au peuple à s'attacher aux croyances par lesquelles elle a civilisé le monde. Le service auquel assistèrent, au milieu de l'élite de la population, M. le maire de la ville, le clergé et la plupart des membres des diverses administrations, eut lieu dans l'église Sainte-Catherine, le 20 mai, à onze heures, et fut célébré par M. Lefebvre, curé archiprêtre de Saint-Etienne. Après l'Evangile, M. l'abbé Bernard, vicaire-général, archidiacre de Lille, monta en chaire et prononça le discours suivant :

Erit quasi pater habitantibus Jerusalem.
Il sera comme un père pour les habitants
de la ville sainte. ISAÏE, XII. 21.

« Dieu, mes frères, veut que nous honorions notre père, et la théologie est là pour nous faire voir également dans le quatrième précepte du Décalogue l'obligation d'honorer les magistrats qui veillent au bien des cités [1] et des empires. Il nous est commandé d'aller au-devant de leur sollicitude et d'alléger leur fardeau par notre bonne volonté, voyant en eux une délégation de l'autorité divine, car *ils sont les ministres de Dieu pour notre bien* [2]. Et quand ils se sont sacrifiés pour nous, et qu'ils sont allés rendre compte de leur administration à

---

[1] M. Aug. Richebé, maire de Lille, et M. Gentil, 1er adjoint, étaient au banc de l'œuvre.

[2] ROM. XIII. 4.

Celui qui juge les justices mêmes, nous devons encore honorer leur mémoire et prier pour eux. C'est ce que nous faisons en ce jour en faveur de messire Jean Levasseur, autrefois mayeur de la ville de Lille, dont il fut, comme vous le verrez dans ce court exposé, le bienfaiteur insigne et le père.

» Dieu l'avait préparé à ces difficiles et graves fonctions de mayeur, en lui donnant, avec une âme bonne et généreuse, un esprit vif et un jugement des plus sains. Son application venant se joindre à ses dispositions naturelles, il fit des études solides, et acquit spécialement une remarquable facilité à écrire avec pureté et même avec élégance la langue latine, cette reine des langues, la langue de l'Eglise, que l'esprit positif du siècle dédaigne à tort, hélas! trop souvent. Etudiant à l'université de Douai, il sut s'y prémunir contre la contagion des mœurs dépravées de ses condisciples, et prit avec éclat le degré de licence en droit civil et même en droit canon, précieux avantage pour un homme destiné aux charges publiques, et résolu d'être toujours respectueux devant la liberté de l'Eglise, liberté qui lui vient de J.-C., son divin époux, liberté pour laquelle est mort notre héroïque Thomas de Cantorbéry [1], et pour laquelle, à l'heure qu'il est, deux vénérables pontifes souffrent encore, non pas en notre France, Dieu merci, mais sur ses frontières, les coups de la persécution ou les peines de l'exil [2].

» L'aptitude extrême de M. Levasseur pour les affaires, jointe à l'aménité de son caractère ouvert et officieux, le fit placer dix fois à la tête du *Magistrat*. Dans les emplois publics comme dans la vie privée, il avait pour principe de rendre d'abord à Dieu ce qui est dû à ce suprême et adorable Maître des maîtres de la terre. Chaque jour il assistait au sacrifice de l'autel ;

---

[1] Saint Thomas de Cantorbéry résida quelque temps à Lille, dans les dépendances de la Collégiale de Saint-Pierre, aujourd'hui annexées à la paroisse de Sainte-Catherine ; ses reliques sont vénérées dans une des chapelles de l'église Sainte-Catherine.

[2] Mgr Hermann de Vicari, archevêque de Fribourg en Brisgau, et Mgr Marilley, évêque de Lausanne et Genève.

CHAPITRE II. 17

souvent il y communiait. Entre ses divers emplois, il s'entretenait encore avec le Seigneur, récitant, comme le grand Colbert, les heures canoniales, et il ne terminait pas la journée qu'il ne se fût présenté le soir dans l'église de Saint-Etienne, sa paroisse, à la bénédiction du Très-Saint Sacrement. Sa charité pour le prochain était égale à sa piété. Pour assister ses frères, qui réclamaient de lui un secours ou un service, il savait, comme Tobie, se lever de table et interrompre son repas, même au détriment de sa santé. Il donnait considérablement aux pauvres, et il aumônait volontiers les ordres religieux qui vivaient de quête, spécialement les enfants de saint François d'Assise, si chers au peuple qui aime leur capuce, leur longue barbe et leurs pieds nus. Cette facilité à donner largement supposait et consacrait chez M. Levasseur des habitudes de très-grande simplicité qui, nous devons le dire en passant, sont traditionnelles chez les premiers magistrats de notre cité. Pour lui, il refusa même plusieurs fois une charge importante à la cour de l'archiduc Albert, pour demeurer dans sa ville chérie, et continuer à y faire le bien sans éclat. Cette simplicité ne fut pas même altérée chez notre mayeur par un subit et très-notable accroissement de fortune; car il ne prétend pas s'enrichir personnellement par une énorme succession qui lui est dévolue [1]; il veut employer en œuvres de charité les biens que la Providence lui envoie, et il entend que ce soit de son vivant; c'est à ses yeux, comme en réalité, plus sûr et plus méritoire. Tout d'abord il songeait à fonder un chapitre collégial dans l'ancienne église de Saint-Etienne, qui, s'élevant au cœur de la ville, sanctifiait les marchés publics ainsi que les opérations de la Bourse, et qui, par son faîte élevé et sa majestueuse sonnerie [2], annonçait à tout le quartier central la pré-

[1] Cette succession provenait de la famille de Thieffries, dont il existe encore de pieux descendants à Cambrai et à Pallencourt.

[2] L'ancienne église de Saint-Etienne dont on voyait de la grand-garde le portail et les toits, possédait une cloche d'un poids considérable. Elle avait nom Emmanuel, et son timbre était connu de toute la ville.

sence d'Emmanuel, le Dieu avec nous, dont la protection est plus sûre encore pour les cités que la vigilance des gardes les plus fidèles [1]. Toutefois, après avoir long-temps consulté Dieu et les hommes les plus sages, M. Levasseur se détermina pour la construction d'une chartreuse, au territoire de la Boutillerie, dans la Châtellenie de Lille. Une chartreuse ! c'est-à-dire une maison de solitude, de silence, de macérations et de prières ! Quel contraste avec l'agitation habituelle de notre siècle sur lequel la parole tumultueuse et passionnée a exercé un si grand et si funeste empire ! Qui de vous, mes frères, a jamais eu l'édification et le bonheur de recevoir l'hospitalité dans une chartreuse ? Oh ! si quelqu'un de mes frères ici présents a vu de près les enfants de saint Bruno, ces anges du désert, qu'il dise si l'on ne trouve pas en eux la suavité portée à sa dernière puissance [2]. En fondant sa chartreuse, M. Levasseur veut ouvrir une source permanente de bénédictions pour lui, pour ceux qui lui sont attachés par les liens du sang, et pour la ville qui lui a donné le jour et à laquelle il est dévoué comme un fils à sa mère. Il n'ignore pas d'ailleurs que le cloître (si peu connu, si peu compris de nos jours), c'est le modèle achevé de la société civile et sa plus puissante sauve-garde ici-bas. La chartreuse achevée, il demande et obtient qu'elle soit dédiée sous le titre de N.-D. des Douleurs, dévotion bien familière à nos ancêtres, qui ne savaient pas la séparer du culte de N.-D. de la Treille, leur aimable et bien-aimée patronne.

» Placé par sa foi à cette sainte hauteur de vues, qui jadis avait persuadé aux empereurs chrétiens de se considérer comme *des évêques du dehors*, M. Levasseur, acquiesçant au désir de

[1] Ps. CXXVI. 2.
[2] Ce que je n'oublierai pas, c'est le contentement céleste qui est visiblement empreint sur le visage de ces religieux. Le monde n'a pas d'idée de cette paix. C'est une autre terre, une autre nature. DUCIS.
    Vous qui, vivant pour Dieu, mourez dans ces retraites,
    Heureux qui vient vous voir dans le port où vous êtes,
    Mais plus heureux cent fois celui qui n'en sort plus. LE MÊME.

MM. du Chapitre de Saint-Pierre, consacra solennellement à N.-D. de la Treille [1] la ville qu'il administrait avec autant d'intelligence que de piété. Il tint à honneur de faire lui-même l'offrande des clefs de Lille à Marie, qui en était déclarée la maîtresse et la suzeraine : dédicace prodigieuse en salutaires effets depuis plus de deux siècles, et qui vient d'être chrétiennement renouvelée par le vote sympathique du conseil de la commune, prenant sa large part dans les frais de la prochaine fête séculaire de N.-D. de la Treille et la reconnaissant en termes exprès pour la patronne de la cité.

» Notre illustre mayeur ne survécut que dix ans à cette dédicace solennelle. Après avoir rendu toute sa vie, sous les titres les plus modestes, d'immenses services à ses concitoyens, il s'éteignit [2] dans les sentiments d'une douce piété entre les bras de deux religieux de l'ordre de St-Bruno, et de deux pères de la Compagnie de Jésus, comme s'il eût voulu témoigner de l'estime profonde qu'il faisait de la vie contemplative et de la vie apostolique, personnifiées en ces deux illustres corps, toujours et partout remarquablement unis dans les liens d'une étroite et tendre charité. Les restes du vénérable mayeur avaient été ensevelis dans sa bien-aimée chartreuse ; mais, après un siècle et demi, voici le terrible ouragan d'une révolution sans exemple ; la tempête a ruiné ensemble et le monastère que M. Levasseur a bâti, et la collégiale qui a retenti du serment du mayeur promettant, au nom de la ville, fidélité constante à la Mère de Dieu. La même cupidité qui a pillé l'or et le bronze du trésor de St-Pierre a soustrait le plomb du tombeau du fondateur de la Chartreuse. Son corps est indignement profané. Mais, ô surprise ! les chairs qu'on n'avait point embaumées étaient, après un siècle et demi, demeurées intactes et d'une élasticité parfaite [3] ; une veine est ouverte et le sang coule

---

[1] 1634. [2] 19 Avril 1644.

[3] Il a été trouvé conservé comme s'il ne fût mort que depuis quelques jours ; même ayant été ouvert et examiné par plusieurs chirurgiens et médecins, ils ont

limpide et vermeil. C'en est assez : le peuple y voit, sans attendre et sans prendre conseil, un indice de sainteté ; de toutes parts on accourt vénérer les précieux restes qui, pour la foule, semblent être déjà des reliques. On leur rend avec enthousiasme un culte qui sans doute manque de discrétion et de règle, mais que provoque instinctivement la haute réputation des vertus du défunt. Ces manifestations de la piété publique alarment l'autorité d'alors, et le corps est arraché de la chartreuse pour être apporté dans l'enceinte de notre ville ; le père était rendu à ses enfants. Et de même que Moïse [1] emporta du milieu de l'infidèle Egypte les os de Joseph, pour les ensevelir dans la terre qui devait être l'héritage du peuple de Dieu, la Providence, par des mains inconnues, fit enlever ce corps vénérable du milieu des ruines de la Chartreuse où le sacrifice de l'autel et la prière avaient cessé, et il fut caché, suivant des documents plausibles [2], dans le cimetière de cette église, à quelques

---

reconnu le cœur et tous les intestins dans leur entier. On raconte plusieurs faits miraculeux.   *Certificat de M. Pelerin-Guy Joire. Armentières* 1793.

« En l'an 1793, on disait qu'on avait trouvé un saint à l'abbaye de la Boutillerie. Il se trouvait un grand nombre d'ouvriers qui démolissaient l'église. Nous avons demandé s'il était vrai qu'on eût trouvé un saint ? Ces ouvriers ont répondu qu'ils avaient été bien effrayés, lorsqu'ils l'ont trouvé.... Au moment, dirent-ils, où nous étions occupés à tirer la pierre sépulcrale, il se fit un grand bruit ... Il avait toute l'attitude d'un homme vivant. On aurait dit un homme qui dormait... Il avait la figure rouge et vermeille.... Toutes les personnes qui étaient avec moi l'ont embrassé à la figure et ont attesté qu'il ne donnait aucune odeur, seulement le bois de son cercueil de chêne sentait un peu. Il y avait un homme d'Herlies, nommé Jean-Pierre Lezie, qui a pris son couteau et qui a découpé tout le cercueil, pour en donner un morceau à toutes les personnes qui se trouvaient là.... On y allumait beaucoup de chandelles.... Sa chemise et son drap avaient été coupés par morceaux. On avait été jusqu'à lui couper les cheveux. Un homme descendu dans la fosse faisait toucher au corps les croix et chapelets de tous les assistants.

Déposition de la dame Domitille Blanquart, octogénaire, témoin oculaire, certifiée par M. l'abbé Canyn, curé d'Herlies, 12 mai 1854.

[1] Exod. xiii. 19.

[2] *Relation de l'exhumation du corps de M. Levasseur, par M. l'abbé Augustin-Joseph Bourgeois, prêtre.* 1818.

pas du sanctuaire où peu d'années plus tard l'image miraculeuse de N.-D. de la Treille, sauvée par la droite du Très-Haut, devait être apportée. Qui de vous, mes frères, n'admirera ce rapprochement inattendu, symbole de l'union touchante de la glorieuse patronne de Lille et de son illustre vassal ? Est-ce là le dernier mot de la Providence ? et serait-il impossible que plus tard le Vicaire de J.-C., qui vient de mettre sur les autels une humble bergère [1], fille de Toulouse la sainte, accordât les honneurs de la béatification au pieux mayeur de Lille, en preuve de ces vérités, que l'esprit de Dieu souffle où il veut; que le Seigneur rassemblera ses élus du nord comme du midi, que sa providence ne fait point acception de personne, et que les grands comme les petits, les petits comme les grands, peuvent aspirer à la perfection et aux trônes les plus élevés du royaume des cieux ?

» Mais puisqu'il ne nous est pas donné de prévenir les décisions du Saint-Siège, contentons-nous, mes frères, devant la pierre sépulcrale de M. Levasseur, nouvellement découverte et que vous voyez à l'entrée de cette église, contentons-nous de reconnaître, d'admirer et de bénir les rares et douces vertus ainsi que les nombreux bienfaits du père de la cité. Si, comme nous le présumons, nos suffrages ne lui sont plus nécessaires pour qu'il soit introduit dans la patrie céleste, prions néanmoins et prions beaucoup en réparation des hideuses dévastations d'une lamentable époque; supplions le Tout-Puissant, qui est aussi le Dieu des miséricordes, d'en prévenir à jamais le retour et de nous pardonner l'oubli et l'ingratitude auxquels nous avons cédé, malgré tant de graces de choix accordées à nos ancêtres, aux jours de cet éminent et pieux magistrat. Pour lui, nous avons droit de l'espérer, il veille sur nous en père, et il appelle la lumière divine et, avec elle, la prospérité sur sa ville chérie. Du sein de Dieu, où nous aimons à le voir, il nous prêche la foi catholique qu'il a courageusement professée, et

---

[1] La bienheureuse Germaine Cousin.

l'accord des œuvres avec cette foi sainte. Il nous conjure de nous faire du bien à nous-mêmes, en revenant tous à la pratique de la loi de Dieu et de son Eglise ; il demande que la fête séculaire qui se prépare soit pour la ville une époque de conversions et d'oubli de toutes les anciennes dissidences ; que ce Jubilé si vivement attendu soit pour tous une source de grâces surabondantes, acceptées et mises à profit, et qu'à la suite de ce triomphe de la Reine des cieux, notre auguste patronne, Lille reprenne, conserve et justifie toujours son titre incomparable de *Cité de la Vierge*.

» Ainsi soit-il. »

III

PRÉPARATIFS DU JUBILÉ.

Quelle sera la fête du Jubilé de Notre-Dame de la Treille? On dit qu'elle durera huit jours.... Quelles solennités va-t-on faire pendant ce temps-là?.... Combien y aura-t-il d'évêques, combien d'archevêques, combien de cardinaux?... Telles étaient, dès le mois de mai, les questions que l'on s'adressait dans toutes les classes de la société lilloise; et les hommes qui, d'habitude, regardaient la religion comme une affaire de légère importance, s'étonnaient de s'entendre parler de Notre-Dame de la Treille, d'offices pontificaux, de prédicateurs, de processions, etc., etc., comme s'ils eussent été les chrétiens les plus fervents. Tant il est vrai que la religion a l'insigne pouvoir de faire vibrer chez tous les hommes une fibre qui résonne délicieusement à leur cœur. Partout on exprimait la même plainte concernant le programme qui n'apparaissait pas et qui même ne devait être connu que peu de temps avant la fête.

Aussi, dans les journaux de la localité, les nouvelles vraies ou fausses à propos du Jubilé étaient les plus favorablement accueillies, et chacun s'empressait de donner aux préparatifs de la fête le temps dont il pouvait disposer.

Il n'est pas possible d'énumérer tous ceux qui se mettent à l'œuvre. MM. les membres de la conférence de Saint-Vincent de Paul présentent à domicile les listes de souscription, sur lesquelles personne ne refuse de s'inscrire; les dames brodent des bannières, confectionnent des ornements, tandis que d'autres, réunies en comités paroissiaux, transforment, sous leurs doigts, le papier, la soie, la mousseline, en fleurs charmantes destinées à la décoration de l'église jubilaire.

Dans les communautés religieuses, chez les filles de l'Enfant-Jésus, du Bon-Pasteur de Saint-François, de la Treille, de Bon-Secours, de la Charité, de la Sagesse, etc., on élabore des ouvrages en velours, en plumes, en or et en argent, qui serviront à orner le triomphe de la Reine des Anges.

La Notice populaire sur Notre-Dame de la Treille ne suffit pas; trois jeunes littérateurs font des recherches sur le même sujet et présentent trois nouvelles notices pleines d'intérêt [1].

Ainsi que les littérateurs, les artistes s'ingénient à rendre d'une exécution parfaite les divers ouvrages

---

[1] N'oublions pas l'Histoire illustrée de N.-D. de la Treille, grand in-8°, composée il y a quelques années par Mme Froment, et éditée par M. Reboux, imprimeur à Lille.

qui doivent sortir de leurs ateliers. Sans parler des riches bannières qui se confectionnent à Lyon ou chez les chasubliers de la ville, M. Buisine, sculpteur, travaille, d'après ses propres dessins, la châsse de sept mètres de hauteur, dans laquelle doit être placée l'image de Notre-Dame de la Treille. M. Blavier, statuaire, taille les quatre statues qui doivent faire le principal ornement de ce chef-d'œuvre, que le pinceau de M. Stalars est appelé à décorer. Dans les mêmes ateliers, les curieux admirent deux châsses, l'une de style gothique destinée à recevoir un ossement insigne de sainte Rufine, et l'autre, genre Louis XIV, commandée par les membres de la conférence de Saint-Vincent de Paul, qui veulent paraître à la procession avec les reliques de leur patron. Là encore, au milieu d'autres œuvres de moindre importance, un énorme bloc de bois se transforme, pour les frères des Ecoles chrétiennes, en une statue presque colossale, représentant le Sauveur bénissant les petits enfants.

Le crayon d'un élève d'Overbeck, M. Hallez, enfant de la ville de Lille, a dessiné une délicieuse gravure représentant Notre-Dame de la Treille; M. Castiaux en fait graver deux autres sur les dessins de M. Berker, et MM. Boldoduc frères, qui préparent une vue générale de la procession, sont assez heureux pour reproduire en plusieurs formats une épreuve photographique de la Madone, prise par M. Blanquart-Evrard, et de la plus exacte ressemblance.

A l'aide du marteau et du ciseau, M. Desbouvry fait

sortir d'une plaque d'argent les traits de Notre-Dame de Grace de Cambrai, que les habitants de cette ville doivent offrir à l'autel de Notre-Dame de la Treille.

M. Mazingue, nommé par Monseigneur l'Archevêque maître de chapelle pour les fêtes séculaires, compose les chants de la messe et de la procession du 2 juillet.

M. Lecomte, graveur, à qui l'on doit déjà une médaille [1] qu'a éditée M. Vanhende, exécute la médaille officielle chargée de perpétuer le souvenir du Jubilé; M. Bury peint les quinze mystères du Rosaire sur les plaques de quinze labarums; à MM. Féragu et Paillenty sont confiées les peintures décors de l'église et du reposoir; et sur les dessins de M. Henri Debaralle, architecte à Cambrai, M. Malagié se dispose à couvrir de tentures les murailles de l'église jubilaire.

Toutes les familles, de toutes les conditions, tiennent à honneur de voir au moins un de leurs membres prendre rang dans la procession qui terminera les fêtes;

---

[1] Cette première médaille, à laquelle on a reproché de ne point rendre avec exactitude les traits de l'image de N.-D. de la Treille, porte pour exergue : *N.-D. de la Treille, patronne de Lille.* Au revers, on lit dans une couronne de pampres : *Sixième Jubilé séculaire, juin* 1254-1854. La médaille officielle est dessinée, d'après une épreuve photographique, d'un module de 41 millim.; elle représente sur sa face l'image de la madone avec cette inscription : *Insula civitas Deiparæ Cancellata sacrata.* Au revers, on lit en abrégé : *Beatæ Mariæ Virginis Cancellatæ sæculare jubileum celebrantibus, clerus, magistratus populusque Insulensis dedicat consecratque.* MDCCCLIV. Frappée en vermeil, en argent et en bronze, elle n'a pas été livrée au commerce, mais offerte seulement aux notabilités qui ont figuré à la fête, et aux personnes qui ont activement contribué à lui donner de l'éclat. Plusieurs autres médailles de divers modules en or, en argent et en cuivre, ont été vendues par des marchands. Nous en avons remarqué en ivoire incisé.

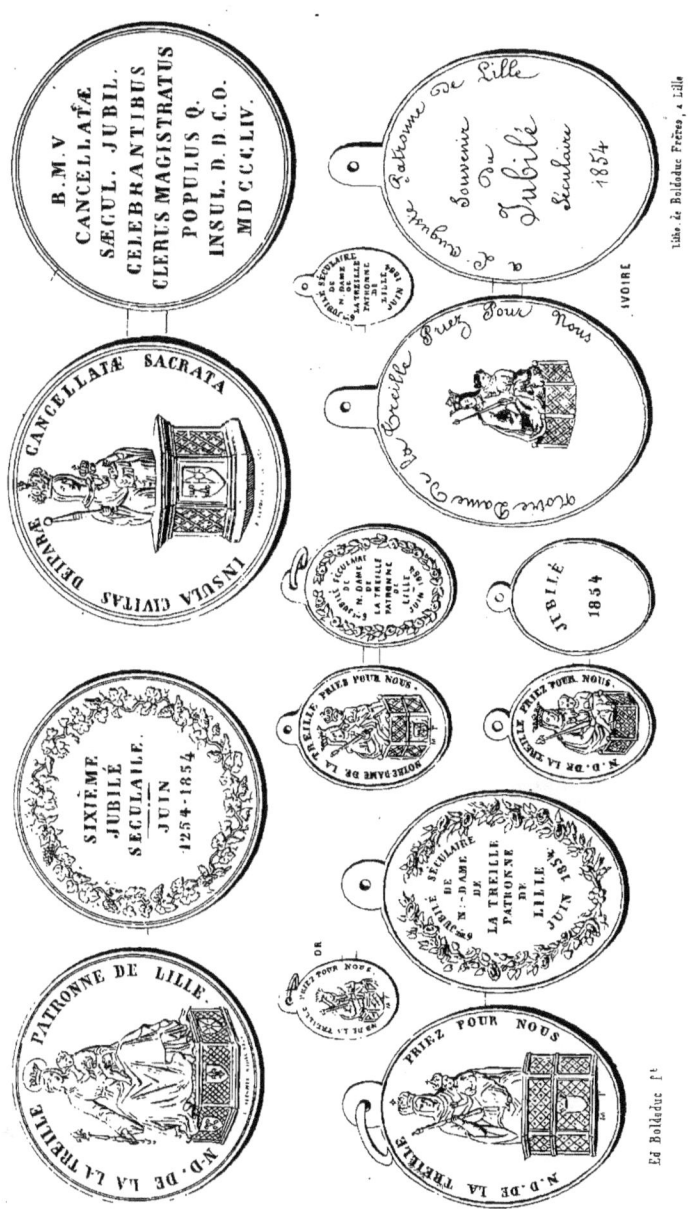

CHAPITRE III.

c'est à qui entrera dans les groupes les plus distingués et les plus riches ; les dépenses qui dans toute autre circonstance passeraient pour de la prodigalité, sont regardées, pour ainsi dire, comme obligatoires ; les dames achettent, pour la robe de leur fille, ici le satin le plus soyeux, là les dentelles d'or et les points d'Espagne, ailleurs la moire d'argent la plus précieuse ; il n'est pas jusqu'à la pieuse ouvrière qui ne redouble d'ardeur au travail et ne passe la moitié des nuits, afin de trouver de quoi se procurer le manteau, ou l'écharpe de gaze d'argent ou d'or, exigée pour porter la bannière de la congrégation à laquelle elle appartient.

Les familles placées dans une position élevée se disputent l'honneur d'offrir une splendide hospitalité à NN. SS. les évêques invités aux solennités jubilaires. Ces prélats sont : Leurs Eminences le cardinal Gousset archevêque de Reims, dont les prédécesseurs, avant que le siège de Cambrai ne fût érigé en archevêché dans le 17e siècle, étaient métropolitains du diocèse auquel Lille appartenait ; le cardinal Wiseman, archevêque de Westminster, qui devait loger dans la maison qu'avait occupée, lors de son séjour à Lille, l'illustre martyr saint Thomas de Cantorbéry ; le cardinal Geissel, archevêque de Cologne, dont la présence eût rappelé un fait historique cher à la mémoire des Lillois : le sacre du cardinal-électeur de Cologne par Fénelon dans la collégiale de Saint-Pierre et devant l'image de Notre-Dame de la Treille ; le cardinal Morlot, archevêque de Tours, l'un des prélats consécrateurs de Monseigneur Régnier, archevêque de Cambrai. Ce sont encore Leurs Grandeurs Messeigneurs les archevêques de Rouen, de Sens et d'Avignon ; les évêques de Nancy, d'Angers, de Strasbourg, de Beauvais, de Nevers, de Tournai, de Gand, de Bruges, de Liège, d'Amiens, d'Arras, de Fréjus, de Soissons, de Belley, de Birmingham, d'Angoulême, de Saint-Denis (île Bourbon), de Blois, d'Adras (*in partibus infidelium*), et de Perpignan.

Voici, avec le nom des personnes qui furent heureuses de les recevoir, les prélats à qui leurs graves occupations ont permis de se rendre au Jubilé. MGR L'ARCHEVÊQUE DE CAMBRAI descendit chez M. Aernout, doyen-curé de Sainte-Catherine ; S. E. LE CARDINAL DE REIMS, chez M. Colombier, rue du Molinel ; MGR PARISIS, évêque d'Arras, chez M. Van der Cruisse, rue Royale ; MGR LABIS, évêque de Tournai, chez M. de Courcelle, rue Royale ; MGR DELEBECQUE, évêque de Gand, chez M. Gobrecht, doyen de Saint-André ; MGR MALOU, évêque de Bruges, chez M. Boutry, rue du Vieux-Marché-aux-Moutons ; MGR DUFÊTRE, évêque de Nevers, chez M. Leconte, doyen de Saint-Maurice ; MGR WICART, évêque de Fréjus, chez M. Delemer, rue du Grand Magasin ; MGR DE GARSIGNIES, évêque de Soissons, chez son aïeule Mme de Rouvroy, rue Royale ; MGR DESPREZ, évêque de Saint-Denis, chez M. Lefebvre, archiprêtre de Saint-Etienne ; MGR PALLU DU PARC, évêque de Blois, chez M. Guilhem, receveur-général ; MGR DE MONTPELLIER DE VERDRIN, évêque de Liège, chez M. Louis Defontaine, rue Négrier.

M. Félix Dehau eut l'honneur de recevoir M. SAN-CHO, ambassadeur de la Reine d'Espagne près le gouvernement belge, chargé de représenter sa souveraine à la fête [1].

Dirons-nous maintenant le concours empressé et unanime des autorités diverses? Nous avons déjà fait mention du vote du Conseil municipal : ajoutons que M. le préfet s'empressa de souscrire à tout ce qui fut soumis à son approbation, et que M. le commissaire de la police centrale disposa, sur les indications qui lui furent données, le service de ses nombreux agents pour tout le temps du Jubilé.

L'autorité militaire ne montre pas moins de bienveillance que l'autorité civile. Le général de division, sur la

---

[1] Voici la lettre adressée à la Reine d'Espagne, et qui a provoqué la représentation de Sa Majesté au Jubilé séculaire de N.-D. de la Treille.

« A Sa Majesté Catholique la Reine d'Espagne, Grande-Maîtresse de l'Ordre de la Toison d'or.

Lille, 30 mai 1854.

» MADAME,

» Le soussigné, chargé par Sa Grandeur Mgr l'Archevêque de Cambrai d'organiser les saintes solennités qui doivent terminer, le 2 juillet prochain, le sixième Jubilé séculaire de N.-D. de la Treille, antique patronne de Lille, pour lequel Jubilé N. S. P. le Pape Pie IX vient d'accorder des indulgences par un bref spécial,

» Prend la respectueuse liberté de faire appel à la haute piété si noblement manifestée par Votre Majesté envers la sainte Vierge, et de lui en demander un témoignage bien capable d'exalter la foi du bon peuple flamand, qui fut autrefois sous le sceptre de vos prédécesseurs au trône des Espagnes.

» C'est surtout au titre de Grande-Maîtresse de l'Ordre de la Toison d'or, dont Votre Majesté est revêtue, que le soussigné a dû la pensée de la démarche qu'il fait aujourd'hui.

» Cet ordre illustre, en effet, fondé à Bruges par le pieux Philippe le Bon, duc de Bourgogne, comte de Flandre, tint, le 30 novembre 1431, sa première proposition du général de brigade, accorde toutes les faveurs qui lui sont demandées, et écrit même au ministre pour obtenir celles que les règlements militaires ne laissent pas à sa disposition. Ainsi le perron du poste de la grand-garde de la place d'armes pourra servir de station à la procession ; les portes de l'arsenal seront ouvertes dans le cas où l'on désirerait avoir, comme au Jubilé séculaire de Cambrai, un reposoir composé

assemblée à Lille, où résidait son noble fondateur, et fut par lui solennellement consacré, avec ses vingt-quatre chevaliers, à N.-D. de la Treille, dans sa chapelle érigée en l'église collégiale de Saint-Pierre.

» L'histoire et nos archives font foi de cette solennelle et perpétuelle consécration, dont les fastes de l'Ordre ont aussi dû inscrire le récit dans leurs pages. La perpétuité de cet Ordre le fait subsister encore après plus de quatre siècles écoulés, et il n'est pas douteux pour le soussigné que Votre Majesté ne tienne à le ratifier, à le renouveler pour sa part.

» A cet effet, il vient vous demander, Madame, de vouloir bien ordonner que l'Ordre de la Toison d'or et sa royale et catholique Grande-Maîtresse soient représentés, par délégué ou par *ex-voto*, dans la procession solennelle et splendide par laquelle Lille et les villes environnantes se proposent de manifester leur dévotion séculaire envers N.-D. de la Treille. Cette fête sera rehaussée, selon le désir de Monseigneur, par tout l'éclat de la pompe religieuse et civile. Quinze Évêques et Archevêques, dont plusieurs cardinaux, la présideront. Il n'est pas douteux que les plus grandes bénédictions n'en doivent résulter pour notre vieille Flandre et pour tous ceux qui auront contribué, en cette grande circonstance, à la gloire de Marie.

» C'est donc dans le désir de voir l'Ordre de la Toison d'or perpétuer ses primitives traditions, et Votre Majesté suivre l'exemple du bon duc Philippe de Bourgogne, que le soussigné vous adresse cette demande respectueuse. Il ose espérer qu'elle sera favorablement accueillie et exaucée.

» Dans cette espérance, il a l'honneur d'être,

» Madame,

» De Votre Majesté,

» Le très-humble et très-obéissant serviteur,

» L'abbé CAPELLE,

• Missionnaire apostolique, au presbytère de Sainte-Catherine. •

d'armes de guerre et de panoplies, et, lors de la procession de clôture, la voix du canon s'unira à celles des cloches des paroisses pour annoncer le triomphe de la Reine de la cité.

A l'exemple de M. le colonel commandant la place, dont le zèle est celui d'un vrai chevalier chrétien, MM. les commandants des pompiers et des canonniers bourgeois ne se contentent pas d'acquiescer aux désirs qui leur sont communiqués, ils vont même au devant de ceux qu'on pourrait leur exprimer, et ne s'épargnent aucune démarche pour faire concourir à l'éclat de la fête les corps honorables à la tête desquels ils sont placés.

La pieuse ardeur des Lillois se communique aux habitants des villes et des campagnes voisines. En apprenant que Cambrai doit apporter un magnifique *ex-voto* à Notre-Dame de la Treille, Douai, Comines, Roubaix, Tourcoing organisent des comités chargés de chercher les moyens de présenter, comme la ville métropolitaine, une offrande à l'autel de la patronne de la Flandre, et, sur une simple invitation, tous les corps de musique des environs acceptent l'honneur d'assister à la procession.

Les choses en étaient là, lorsque, le 12 juin, parut le programme si impatiemment attendu et que Monseigneur l'Archevêque, en tournée de confirmation à Dunkerque, avait approuvé quinze jours auparavant.

Cet écrit officiel, qui, dans ses trente pages d'impression réglait jusque dans les plus petits détails tout ce qui avait rapport aux offices, prédications, processions, etc., fut accueilli avec enthousiasme. Dès la première journée où il fut mis en vente, l'édition qui avait été regardée comme suffisante fut épuisée [1].

L'itinéraire de la procession souleva seul quelques légers mécontentements, indice heureux de l'élan avec lequel les habitants de tous les quartiers de la ville tenaient à prendre part à la fête ; mais ces mécontentements cessèrent aussitôt que l'on connut que le tracé du parcours avait été réglé selon les justes et sages prescriptions de l'Archevêque. Le prélat avait exigé que l'itinéraire ne comprît pas plus de quatre mille mètres et que dans cet espace entrât nécessairement le quartier Saint-Sauveur habité par la classe ouvrière [2].

Dès ce moment, chacun redoubla de zèle, et dans toutes les familles on confectionna des fleurs, des oriflammes, des banderoles, destinées à témoigner bientôt de la joie et de la piété avec laquelle on s'associait au triomphe de la Mère de Dieu.

Six jours après, apparaissait la lettre pastorale de Monseigneur, indiquant aux Lillois la nature des dispositions spirituelles nécessaires pour célébrer dignement les fêtes séculaires de leur bien-aimée patronne. Voici cet écrit, qui renferme la lettre et le bref du souverain Pontife :

[1] Le programme officiel se vendait vingt centimes. On en tira huit mille exemplaires. Des imprimeurs en firent, chacun de leur côté, une édition abrégée à laquelle ils joignirent les noms des prélats attendus à Lille. Ces programmes, du prix de cinq centimes, colportés, pendant toute la durée de la fête, dans les rues, aux abords du chemin de fer et des églises, trouvèrent plus de quinze mille acheteurs.

[2] L'itinéraire tracé dans le programme subit une légère modification. Monseigneur acquiesça, à la demande des habitants de la paroisse de St-André, qui se plaignaient de ce que la procession ne passait dans aucun de leurs quartiers.

RÉNÉ-FRANÇOIS REGNIER, par la Miséricorde Divine et la Grace du Saint-Siège apostolique, Archevêque de Cambrai.

Au Clergé et aux Fidèles de la ville de Lille, Salut et Bénédiction en N. S. J. C.

Dans quelques jours vont commencer pour vous, Nos Très-Chers Frères, les pieux exercices par lesquels votre grande et religieuse ville doit se préparer à célébrer la Fête séculaire de Notre-Dame de la Treille.

Nous n'avons point à vous dire quel éclat vos pères donnèrent autrefois à cette solennité ; des publications pleines de science et d'intérêt [1] viennent de vous rappeler quelles en furent les magnificences dans les siècles précédents, et vous savez tout ce qu'il y a de glorieux, pour l'ancienne capitale de la Flandre, dans les souvenirs qui se rattachent au culte de son auguste Patronne.

Lille ne faillira point de nos jours, nous en avons l'assurance, aux devoirs que son passé lui impose. Bientôt elle montrera, une fois de plus, et d'une manière splendide, qu'à travers toutes les vicissitudes que le temps lui a fait subir, les traditions religieuses ne se sont pas plus affaiblies au sein de sa catholique population que celles du travail, du courage et de l'honneur.

Il a suffi, N. T. C. F., de vous annoncer le retour de cette fête pieusement héréditaire dans votre famille lilloise, pour que parmi vous une même pensée, un même sentiment unissent tous les esprits et tous les cœurs. Toutes les classes, toutes les professions ont offert leur concours et payé leur tribut ; et, replacée sous le patronage antique et vénéré de la Vierge, par une administration municipale qui a loyalement interprété les sentiments populaires, et dignement justifié la confiance dont elle est entourée, la Cité a joint son offrande

---

[1] Notices publiées par MM. le comte de Melun et l'abbé Capelle.

officielle et publique aux offrandes privées de ses généreux enfants.

Combien nous sommes heureux, N. T. C. F., en apprenant chaque jour le bien que produit déjà, et celui que fait espérer pour l'avenir ce concert de pieuses libéralités et d'intelligents travaux !

Mais vous ne vous méprendrez point sur le caractère que doit principalement avoir la fête que vous préparez, avec un zèle si parfaitement unanime, ni sur les résultats essentiels que nous en devons attendre. Par l'imposante grandeur de vos démonstrations religieuses, vous vous montrez les dignes émules des âges profondément chrétiens qui vous ont précédés; soyez les imitateurs exacts et complets de leur foi pratique.

Telle est notre espérance, N. T. C. F. A l'exemple de vos fervents aïeux, vous profiterez, vous aussi, des faveurs spirituelles qui vous sont offertes à l'occasion de votre Fête jubilaire.

Déjà nous avons parlé de la réponse que le souverain Pontife a daigné faire à la supplique que nous lui avions adressée, et de l'Indult par lequel il accorde une Indulgence plénière aux fidèles qui, pendant le temps fixé pour ce pieux pèlerinage, iront vénérer dans l'église de Sainte-Catherine l'Image de Notre-Dame de la Treille.

Voici, N. T. C. F., la teneur de ces deux Rescrits, qui appartiendront désormais à l'histoire religieuse de votre ville.

[1] A NOTRE VÉNÉRABLE FRÈRE RÉNÉ – FRANÇOIS,
ARCHEVÊQUE DE CAMBRAI,

PIE IX, PAPE.

Vénérable Frère, Salut et Bénédiction Apostolique. La lettre que vous Nous avez adressée le 2 février dernier, Véné-

[1] Venerabili Fratri Renato Francisco, Archiepiscopo Cameracensi.
PIUS PP. IX.
Venerabilis Frater salutem et Apostolicam Benedictionem.
Ex Tuis ad Nos Litteris die secunda Februarii proximi datis intelleximus, Ve-

rable Frère, a été pour Nous une preuve du zèle pastoral et des soins éclairés avec lesquels vous travaillez à entretenir et à augmenter parmi votre troupeau le culte de la Très-Sainte Mère de Dieu. C'est pourquoi Nous avons accueilli votre demande avec une bonne volonté empressée, et Nous vous envoyons, ci-jointe, une lettre en forme de bref, par laquelle Nous avons accordé, en vertu de notre suprême autorité apostolique, une Indulgence plénière à tous les fidèles qui visiteront dévotement l'Image de la bienheureuse Vierge Marie dite Notre-Dame de la Treille.

Nous adressons à cette très-miséricordieuse Mère de Notre-Seigneur et Rédempteur les prières et les vœux les plus ardents, pour qu'elle accorde toujours à la confrérie de Lille, et à tout le diocèse de Cambrai, sa plus ferme protection au milieu des adversités et des calamités de ce monde. Et Nous souhaitons que vous ayez un gage de cette insigne faveur, ainsi qu'un témoignage de Notre affection particulière pour vous, dans la Bénédiction Apostolique que Nous vous donnons avec effusion de cœur, et très-affectueusement pour vous-même, vénérable Frère, et pour votre troupeau.

Donné à Rome, à Saint-Pierre, le 22 mars 1854, la huitième année de Notre pontificat.

PIE IX, PAPE.

nerabilis Frater, pastorale studium quo ad sanctissimæ Dei Genitricis cultum in Tuo isto Grege fovendum, augendumque provide ac solerter incumbis. Petitioni idcirco tuæ libenti prorsus animo annuimus, ac Litteras in forma Brevis exaratas heic adjungimus, quibus Plenariam Indulgentiam fidelibus qui Imaginem Beatæ Mariæ Virginis Cancellatæ devote visitaverint, pro supremi Apostolatus Nostri auctoritate concessimus. Clementissimam eamdem Domini ac Redemptoris nostri Parentem impensissimis rogamus votis ac precibus, ut Insulensi isti Sodalitio, et Cameracensi Diœcesi universæ firmissimo inter mundi hujus adversitates et calamitates semper adsit præsidio. Ac tanti hujus boni auspicem, simulque præcipuæ erga Te Nostræ caritatis pignus esse cupimus Apostolicam Benedictionem quam ipsi tibi, Venerabilis Frater, cum Tuo etiam isto Grege communicandam effuso cordis affectu peramanter impertimur. Datum Romæ apud S. Petrum die 22 Martii Anni 1854. Pontificatus Nostri Anno VIII.

PIUS PP. IX.

36

JUBILÉ DE 1854.

Le bref qui accompagne cette lettre, dont la bonté paternelle nous touche profondément et nous inspire la plus respectueuse reconnaissance, est ainsi conçu :

PIE IX, PAPE.

[1] A tous les fidèles en Jésus-Christ qui verront la présente lettre, salut et bénédiction apostolique. Lorsqu'on Nous demande des choses qui peuvent puissamment contribuer au bien de la religion et au salut des âmes, Nous les accordons avec empressement. Aussi Notre vénérable Frère, l'Archevêque de Cambrai, Nous ayant fait exposer récemment que dans l'église paroissiale de Sainte-Catherine, de la ville de Lille, en son diocèse de Cambrai, doit se célébrer cette année, avec une grande solennité, la fête de la Bienheureuse Vierge Marie, dite Notre-Dame de la Treille, et Nous ayant instamment demandé que Nous daignassions ouvrir, à cette occasion, les trésors de l'Eglise, Nous avons cru devoir accéder de tout cœur à cette pieuse supplique, qui a pour but le bien spirituel des fidèles.

C'est pourquoi, Nous confiant dans la miséricorde de Dieu tout-puissant et l'autorité de ses bienheureux apôtres Pierre et

PIUS PP. IX.

[1] Universis Christi fidelibus præsentes Litteras inspecturis Salutem et Apostolicam Benedictionem.

Quæ ad Religionem fovendam et animarum salutem procurandam maxime faciunt cum a Nobis expostulantur lubenti animo concedimus. Jam vero cum Nobis Ven. Frater Archiepiscopus Cameracen. exponendum nuper curaverit in Parochiali Ecclesia sub invocatione S. Catharinæ civit. Insulensis suæ ipsius Cameracen. Diœcesis festum B. M. V. à Cancellis nuncup. hoc anno solemniori ritu celebrari, enixisque ideo precibus petierit, ut hujusmodi occasione cœlestes Ecclesiæ thesauros recludere dignaremur, Nos piis hisce votis, quæ in spirituale Christi fidelium bonum cedunt obsequi ex animo censuimus. Quamobrem de omnipotentis Dei misericordia, ac BB. Petri et Pauli Apostolorum ejus auctoritate confisi, omnibus et singulis utriusque sexus Christi fidelibus verè pœnitentibus, et confessis, ac Sacra Communione refectis, qui Parochialem Ecclesiam sub invocatione S. Catharinæ civit. Insulensis, atque ibi sitam Imaginem B. M. V. Cancellatæ a primis vesperis tertiæ Dominicæ post Pentecosten usque ad occasum solis Dominicæ immediatè sequentis hoc anno devote visitaverint, et ibi pro christianorum Principum concordiâ, hæresum extirpatione, ac S. Matris Ecclesiæ exaltatione pias ad Deum

CHAPITRE III. 37

Paul, Nous accordons miséricordieusement dans le Seigneur l'indulgence plénière et la rémission de tous leurs péchés à tous les fidèles de l'un et de l'autre sexe, qui vraiment pénitents, s'étant confessés et ayant communié, visiteront dévotement cette année, à partir des premières vêpres du troisième Dimanche après la Pentecôte, jusqu'au coucher du soleil du Dimanche qui suivra immédiatement, l'église paroissiale de Sainte-Catherine, dans la ville de Lille, et l'image de la Bienheureuse Vierge Marie, dite Notre-Dame de la Treille, qui s'y trouve placée, et y adresseront à Dieu de pieuses prières, pour la concorde entre les princes chrétiens, l'extirpation des hérésies et l'exaltation de notre sainte Mère l'Eglise : laquelle Indulgence ne pourra être gagnée qu'une fois dans le courant de l'Octave ci-dessus désignée.

Et afin que les fidèles puissent plus aisément et plus abondamment participer à ces graces célestes, Nous accordons et donnons par les présentes, de notre autorité apostolique, à Notre vénérable Frère, l'Archevêque de Cambrai, le pouvoir

preces effuderint, Plenariam ejusdem octidui spatio, semel tantum lucrandam, omnium peccatorum suorum indulgentiam et remissionem misericorditer in Domino concedimus. Ut autem Christi fideles cœlestium munerum hujusmodi facilius, ac uberius valeant esse participes, eidem Ven. Fratri Archiepiscopo Cameracensi aliquot Presbyteros Seculares vel Regulares ad excipiendas ipsorum Sacramentales Confessiones alias approbatos deputandi, qui eosdem Christi fideles eorum Confessionibus diligenter auditis, ab omnibus et quibuscumque excessibus et criminibus, ac casibus Sedi Apostolicæ reservatis (hæresis, simoniæ, duelli, violationis clausuræ Monasteriorum Monialium, et recursus ad judices laicos contra formam Sacrorum Canonum exceptis) nec non excommunicationis, aliisque ecclesiasticis sententiis, censuris, et pœnis imposita cuilibet arbitrio suo pœnitentia salutari in foro conscientiæ tantum absolvere, ac vota simplicia in aliud pium opus eorum similiter arbitrio et prudentia commutare possint, facultatem Auctoritate Apostolica tenore præsentium tribuimus, et elargimur. In contrarium facientibus non obstantibus quibuscumque. Præsentibus unica hac vice valituris.

Datum Romæ apud Sanctum Petrum sub annulo piscatoris die XIV Martii M. DCCCLIV. Pontificatus Nostri Anno Octavo.

Pro Dno Cardinali LAMBRUSCHINI.
J.-B. BRANCALEONI CASTELLANI, substitutus.
† *Locus sigilli.*

de déléguer un certain nombre de prêtres séculiers ou réguliers, approuvés d'ailleurs pour confesser, avec faculté d'absoudre, seulement au for de la conscience, lesdits fidèles, après avoir entendu avec soin leurs confessions, de tous excès, crimes et cas réservés au siège apostolique (excepté l'hérésie, la simonie, le duel, la violation de la clôture des monastères de religieuses, et le recours aux juges laïques contre la teneur des saints Canons), comme aussi de l'excommunication et des autres sentences, censures et peines ecclésiastiques, en imposant à chacun la pénitence salutaire qu'ils jugeront convenable ; avec la faculté également de commuer à leur gré, et selon leur prudence, les vœux simples en d'autres œuvres pieuses, nonobstant toutes dispositions quelconques à ce contraires. Les présentes ne seront valables que pour cette fois seulement. »

Donné à Rome, à Saint-Pierre, sous l'anneau du pêcheur, le 14 mars 1854, la huitième année de Notre pontificat.

Pour Mgr le Cardinal Lambruschini.

J.-B. Brancaleoni Castellani, substitut.

En vertu du pouvoir que nous accorde le souverain Pontife, nous déléguons pour entendre les confessions des fidèles, à l'occasion de la Fête jubilaire de Notre-Dame de la Treille, avec les facultés extraordinaires mentionnées dans le bref apostolique, tous les prêtres séculiers et réguliers qui résident, soit dans la ville de Lille soit dans les six cantons de ladite ville, et sont actuellement approuvés par nous.

La même délégation s'étend à tous autres prêtres qui seront appelés par nous ou par MM. les Archiprêtres et Doyens de Lille, pour prêcher ou pour confesser dans leurs paroisses pendant l'Octave.

Les fidèles gagneront d'ailleurs l'indulgence en s'adressant à quelques autres confesseurs que ce soit, pourvu que ces confesseurs puissent les absoudre en vertu de leurs pouvoirs ordinaires.

Ils pourront également faire leur communion dans toutes les églises indistinctement.

Ce sera, N. T. C. F., par la réception vraiment chrétienne des sacrements que vous offrirez à Marie un hommage digne d'elle ; ce sera d'après le nombre des confessions et des communions dont sa fête aura été l'heureuse occasion, que nous apprécierons votre dévotion à son égard, et que Dieu mesurera les graces que vous prépare sa bonté.

A une époque toute récente, nous avons été singulièrement édifié et consolé par le respect et la docilité religieuse avec lesquels vous écoutiez la parole sainte et receviez nos paternels conseils : rendez notre joie complète en profitant des jours de salut qui vous sont accordés de nouveau. Suivez avec assiduité les instructions que vous donneront d'éloquents et zélés prédicateurs. Que ceux d'entre vous qui auraient manqué à leur devoir pascal, invoquent la Vierge miséricordieuse et bénie qui est le refuge des pécheurs, et qu'aidés de son assistance maternelle, ils réparent cette dangereuse et coupable négligence.

Bientôt, entouré de votre pieuse affluence, nous bénirons solennellement vos familles, votre actif commerce et votre féconde industrie ; à nos bénédictions se joindront celles d'un grand nombre d'illustres Prélats, qui viendront nous apporter l'édification de leurs vertus apostoliques et le secours de leurs puissantes prières ; que rien de votre part, N. T. C. F., n'arrête l'efficacité de ces prières et les salutaires effets de ces bénédictions. Pour être protégés du Ciel, que votre industrie soit chrétienne, que votre travail et votre commerce respectent et sanctifient le Dimanche.

Achevez, N. T. C. F., ce que vous avez si bien commencé ; complétez les magnifiques préparatifs de votre fête ; et, dans quelques jours, réunis autour de votre sainte Patronne, pontifes, prêtres et fidèles, nous lui formerons un immense cortège et lui offrirons en commun notre vénération filiale et notre amour. Par elle nous demanderons à Dieu, pour votre ville et pour tout le diocèse, la paix, l'abondance et toutes les prospérités. Par elle nous prierons pour la France entière ; pour le prince à qui vous devez le rétablissement de vos solennités religieuses et dont l'intelligence et le courage sont si nécessaires au repos et à la gloire de la France ; pour notre admirable armée, qui, dans les contrées lointaines où elle est appelée à combattre, saura si vaillamment défendre l'honneur et les intérêts de la Patrie.

Enfin, N. T. C. F., après que la Reine du Ciel, par sa marche triomphale au milieu de vous, aura solennellement repris possession de votre ville, que la piété, la justice, l'ordre et l'union y demeurent inaltérables ; que dans ces rues et sur ces places publiques qu'aura en quelque sorte purifiées par sa présence Notre-Dame de la Treille, il n'y ait jamais rien que la Religion désavoue ; que Lille, renouvelant sa consécration de 1634, en garde avec une inviolable fidélité les conditions saintes ; qu'elle reste à jamais la ville de la Vierge : *Insula civitas Virginis !*

Donné à Cambrai, sous notre seing, le sceau de nos armes et le contre-seing du Secrétaire-général de notre Archevêché, le Dimanche de la très-sainte Trinité, 11 juin 1854.

☩ R.-F., Archevêque de Cambrai.

Par Mandement :

DUPREZ, Chan., Sec.-Gén.

Le jour où cette lettre fut lue dans les six églises de Lille (18 juin), le père Lavigne prit possession de la chaire de Saint-André et commença un cours d'instructions préparatoires du Jubilé. Aucun prédicateur ne pouvait être accueilli avec plus de plaisir par la population lilloise que ce pieux et éloquent religieux. L'effet que sa chaleureuse parole avait produit sur elle pendant le

Jubilé de 1851, était encore vivant; on se rappelait ses discours dans lesquels il avait traité les questions les plus brûlantes de l'époque, son âme de feu, son cœur débordant de charité, et surtout la bonté qu'il témoignait aux pécheurs qui, le visage inondé de larmes, allaient lui faire l'humble aveu de leurs fautes. Aussi l'auditoire qui, dès ce jour, se pressait autour de sa chaire et qui ne fit que s'accroître, vint confirmer dans les âmes chrétiennes cette pensée, que pendant les fêtes du Jubilé les cœurs s'ouvriraient aux douces et salutaires influences de la grace.

Le père Lavigne donna chaque jour, le matin, une conférence à onze heures, et le soir, à huit heures, un sermon ; traitant tour-à-tour la pratique des vertus morales et l'accomplissement des devoirs imposés par les dogmes de la foi.

Pendant que les fidèles allaient remplir les nefs de Saint-André, les curieux affluaient à Sainte-Catherine, où les offices, célébrés de grand matin, laissaient l'enceinte sacrée aux ouvriers chargés de la décoration. De tous côtés les dames s'empressaient d'y apporter les guirlandes de fleurs qu'elles avaient tressées, et, pleines d'une nouvelle ardeur, elles allaient en confectionner pour parvenir à en fournir la mesure de trois mille six cents mètres exigés par le plan de la décoration.

Privée de tout ornement architectural lors d'une restauration, ou plutôt d'une dégradation, qu'elle subit au commencement du dernier siècle, assemblage informe d'un gothique mutilé et d'un genre qui n'a pas de nom, cette église exigeait pour les fêtes jubilaires, dont elle devait être le centre, une ornementation qui revêtît ses murailles de riches tentures, et lui donnât au moins un cachet de magnificence relevée par les souvenirs de l'histoire religieuse de la contrée. Les talents de l'artiste et de l'historien, se combinant entre eux, permirent de réaliser ces exigences, et, sous la masse de draperies dont la couvrent les décorateurs, elle ne tarde pas à prendre le caractère qu'on veut lui imposer.

On admire le fût des colonnes couvert de velours azur et coupé par des cannelures d'or; chaque chapiteau présente les armoiries d'un évêque qui doit assister aux solennités; les larges archivoltes, revêtues de drap d'argent parsemé d'étoiles d'or, sont encadrées dans des guirlandes de roses, et de l'ellipse ogivale qu'elles surmontent pendent de longs rideaux de damas, bordés, constellés et crépinés d'or qui, en formant de larges replis, vont s'attacher aux colonnes dont ils ont la couleur. Dans toute la largeur de l'église, les murailles qui s'élèvent depuis le chapiteau des colonnes jusqu'à la frise, et s'étendent en formant une série de trumeaux, ne sont qu'une treille d'or ressortant sur une tenture plate de drap d'argent, et, entre chaque arcade, de majestueuses figures d'anges nimbés et revêtus de chlamydes d'or soutiennent des banderolles sur lesquelles on lit les vocables des anciens sanctuaires que Lille avait autrefois érigés dans ses murs en l'honneur de la Mère de Dieu. Ce sont : N.-D. des Affligés, N.-D. d'Assistance, N.-D. des Ardents, N.-D. de Consolation, N.-D. de Foi, N.-D. de Lorette, N.-D.

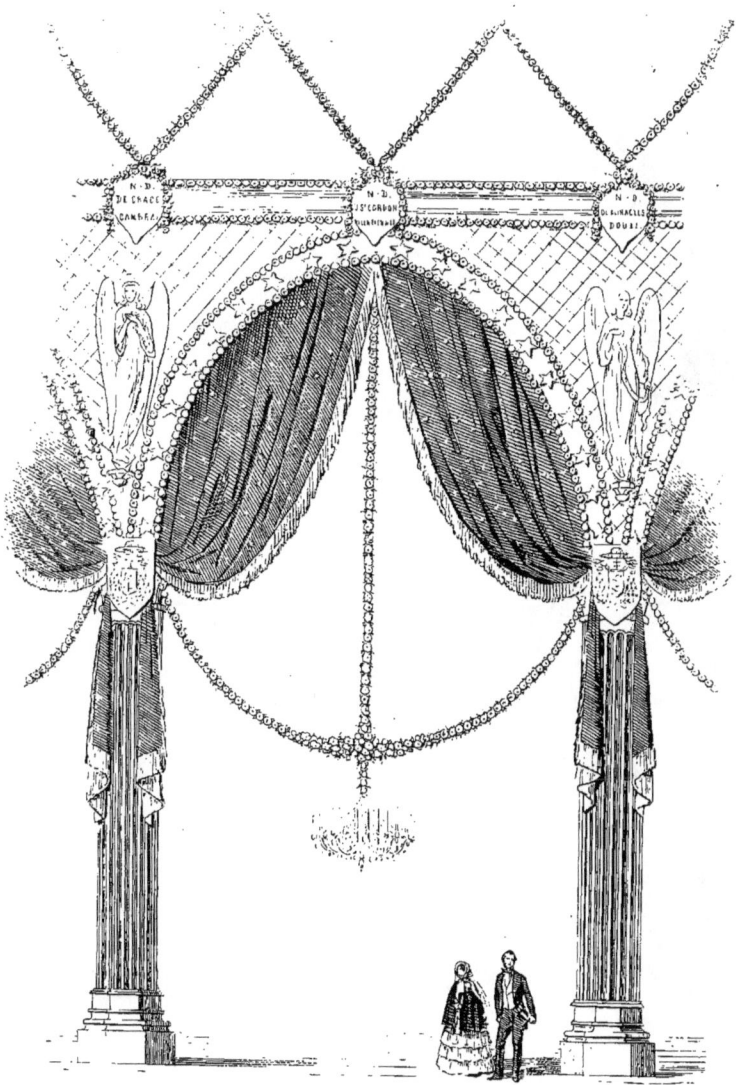

Vue d'une Arcade de l'Eglise Ste Catherine.

des Obeaux, N.-D. de Tongres, N.-D. de l'Immaculée-Conception, N.-D. de la Victoire. Sur la frise entièrement couverte d'or sont, reliés par des guirlandes, des écussons présentant les noms des principaux sanctuaires de Marie dans la Flandre, le Cambrésis et le Hainaut. Du centre de la voûte tombent des guirlandes qui vont, en se croisant et en formant une vaste treille, s'adapter à la corniche et ombrager la nef dans toute son étendue. On lit sur les écussons de la corniche : N.-D. de Grace, Cambrai ; N.-D. du Saint-Cordon, Valenciennes ; N.-D. des Dunes, Dunkerque ; N.-D. de Foi, Gravelines ; N.-D. des Miracles, Douai ; N.-D. de la Pitié, La Bassée ; N.-D. de Grace, Loos ; N.-D. de la Barrière, Lomme ; N.-D. de Réconciliation, Esquermes ; N.-D. de la Marlière, Tourcoing ; N.-D. de Bonne-Espérance, Aubry ; N.-D. des Wez, Douai ; N.-D. du Rosaire, Linselles ; N.-D. de Bon-Secours, Peruwelz ; N.-D. de Bourbourg ; N.-D. de Hal ; N.-D. de Vertigneul ; N.-D. de Fives ; N.-D. de Marpent ; N.-D. de Waziers ; N.-D. de Beaulieu ; N.-D. de Fournes. Tous ces titres divers, inspirés par le respect, la reconnaissance, la confiance et l'amour, font de la nef comme un magnifique livre renfermant en ses pages d'or, illustrées du signe symbolique de N.-D. de la Treille, l'histoire du culte de la Mère de Dieu dans la ville de Lille et le nord de la France. Culte saint et consolateur, délices de nos aïeux, dont l'origine se perd dans les âges les plus reculés du christianisme et qui fait la gloire des splendides basiliques des cités comme de l'humble chapelle des hameaux !

Nous ne pouvons que mentionner en passant vingt-deux grands lustres qui, soutenus par des guirlandes, descendent de la voûte et de l'angle de chaque arcade ; les tentures de velours rouge qui revêtent la vaste tribune dressée devant l'orgue et destinée à recevoir les nombreux chanteurs et musiciens qui exécuteront le chant des offices.

La décoration des bas-côtés, sans être aussi riche, est coordonnée avec celle de la grande nef ; les murailles sont tendues de damas blanc sur lequel des guirlandes décrivent la treille, et des rideaux azur, dont sont garnies les fenêtres, répandent dans la lumière qui traverse leur tissu pour éclairer le saint lieu, une teinte douce et céleste qui perfectionne l'ensemble harmonieux de l'ornementation.

Le sanctuaire est la partie la plus riche de l'Eglise. Dans tout son contour, dont le trône pontifical occupe le premier plan, la couleur azur a fait place au cramoisi rehaussé d'or. Depuis le pavé jusqu'à la corniche s'étendent des draperies de velours enrichies de tout ce que l'art du tapissier sait façonner de plus riche et de plus gracieux. Les lambrequins, les broderies, les torsades, les glands, les crépines, les étoiles, les patères y sont semés en profusion, et du sommet de la voûte tombe un *velarium* en gaze d'or qui s'étale comme une gloire en couvrant l'abside de ses larges plis.

Sous ce *velarium* s'élève la châsse qui renferme l'image de N.-D. de la Treille, et qui, par la délicatesse de son travail et l'éclat de ses dorures, semble une pièce d'orfévrerie. Son style est le gothique fleuri ; sa hauteur de sept mètres ; elle forme le rétable d'un autel sculpté dans le même style et d'une égale richesse. Dans sa base, elle présente en sa partie antérieure le portail de l'ancienne collégiale de St-Pierre, et, dans son contour, les armoiries et les noms des grands personnages dont fait mention l'histoire du culte de la Madone vénérée. Ces noms, placés par ordre chronologique, sont reportés sur trois plaques d'argent formant les côtés principaux. On lit sur celle de gauche : Bauduin v, empereur de Constantinople, fondateur de la collégiale où fut placée primitivement l'image de N.-D. de la Treille en 1066 ; Marguerite de Constantinople, fille de Bauduin ix, qui établit en 1254 la confrérie, et en 1267 la procession en l'honneur de N.-D. ; Philippe le Bon, qui, le 30 novembre 1431, consacra l'ordre et les chevaliers de la Toison-d'or à N.-D. de la Treille. Sur celle du fond : Jean Levasseur, mayeur, qui lui consacra la ville de Lille en 1634 ; Maximilien Vilain de Gand, évêque de Tournai, qui, en 1635, lui consacra solennellement son diocèse ; Louis xiv, qui, en 1667, jura devant elle de maintenir les usages et franchises de Lille qu'il venait de conquérir ; le P. Vincart, religieux de la compagnie de Jésus, qui composa un poème latin en son honneur et écrivit son histoire. Sur celle de droite : Alain Gambier, bourgeois, qui, en 1793, sauva la sainte image de la destruction ; S. E. le Cardinal Giraud, qui, en 1843, rétablit la confrérie, et Mgr Réné-François Régnier, qui provoqua le Jubilé séculaire.

Aux angles de cette base, que surmonte une treille remplie de fleurs blanches, s'élèvent des clochetons, puis quatre grands pinacles garnis d'arcatures qui soutiennent la chapelette au centre de laquelle repose la Madone ; sous les arcs-boutants qui forment des espèces de niches, sont quatre statues représentant les quatre saints canonisés qui ont vénéré l'image de N.-D. de la Treille. Saint Louis, couvert d'une cotte d'armes et d'un manteau fleurdelisé, offre à Marie sa couronne ; saint Thomas de Cantorbéry, orné de ses habits pontificaux, semble, appuyé sur son bâton pastoral, lui offrir ses douleurs ; Saint Bernard, sous son froc blanc et dans une extase d'amour, salue celle qu'il appelait *la clémente*, *la pieuse*, *la douce Vierge Marie;* et saint Vincent-Ferrier, en habit des enfants de saint Dominique, une croix à la main, prêche avec enthousiasme le culte de cette divine Mère aux Lillois. Au-dessus de la chapelette, se dresse une pyramide à jour, couronnée par l'ange de la ville de Lille.

Pendant que les ouvriers menuisiers, tapissiers, peintres, décorateurs, s'empressent de terminer la tâche qu'ils ont entreprise, les charpentiers hissent une cloche dans la tour. C'est la moyenne de l'harmonieuse sonnerie de Sainte-Catherine. Fendue lors du service célébré un mois auparavant pour l'âme de M. Levasseur, on s'est hâté de la refondre, afin que, reprenant sa place près de ses deux sœurs, elle pût chanter avec elles les louanges de N.-D. de la Treille pendant les fêtes séculaires. C'est ce qu'exprime ce dystique latin qu'on lit sur une de ses faces :

CHAPITRE III.

FRACTA VIRUM FLENDO MARIÆ QUI DEDIDIT URBEM
INNOVOR UT MARIÆ JUBILA FESTA CANAM [1].

Enfin, le 24 juin, jour fixé pour l'ouverture du Jubilé, est arrivé. Tous les préparatifs sont terminés, toutes les précautions sont prises pour prévenir les accidents ou les arrêter ; on a même eu soin d'assurer contre les ravages du feu l'énorme matériel de tentures qui recouvre les murailles de l'église, et de placer une pompe à incendie dans un des recoins cachés d'une nef latérale. Il est trois heures du soir ; la foule impatiente des fidèles et des curieux assiège les portes du saint lieu : ces portes vont s'ouvrir.

[1] Cette cérémonie fut présidée par M. l'abbé Bernard ; le parrain fut M. Richebé, maire, et la marraine Mme Besson, épouse de M. le préfet du Nord.

IV

OUVERTURE DU JUBILÉ.

Ce fut un beau moment pour les cœurs catholiques lillois que celui où toutes les cloches des paroisses et des communautés religieuses, éveillées par celles de Ste-Catherine, annoncèrent, à trois heures et demie du soir, l'ouverture du Jubilé séculaire de N.-D. de la Treille. Ces cloches, que l'on entend à chaque instant du jour et dont le son frappe l'air, au moins le plus souvent, sans exciter d'émotion dans l'âme, semblent avoir pris des voix nouvelles ; on dirait que leurs volées n'ont jamais été si brillantes et si joyeuses : on les écoute avec un tressaillement de plaisir. Le son du *jubal* qui, chez les Hébreux annonçait autrefois l'année du *Jubilé*, n'apportait pas de joie plus douce aux enfants d'Abraham ; le bruit du canon qui annonce une victoire ne cause pas plus d'émotion à ceux qui ont dans le cœur l'amour de la patrie. A la voix de ces cloches qui chantent en se répondant de la tour Sainte-Catherine à la tour Saint-

Sauveur, les rues de la cité prennent un air de fête que depuis un siècle elles n'ont pas revu ; des tentures chargées de roses s'étendent çà là sur la façade des maisons ; des oriflammes aux couleurs diverses se balancent aux fenêtres, et en plaçant ces signes de foi et de piété que bientôt l'on rencontrera partout, d'un côté de la rue à l'autre, les bourgeois s'échangent un sourire empreint des pieux sentiments dont s'épanouissent leurs cœurs.

Pendant ce temps, tous les membres du clergé, réunis à l'église jubilaire, se rendent processionnellement au presbytère, à travers les flots de la foule que l'on a peine à contenir. Bientôt, au chant du *Veni Creator*, le cortège revient sur ses pas, conduisant dans le saint lieu Mgr l'archevêque de Cambrai, précédé des insignes de son autorité archiépiscopale et suivi de Mgr l'évêque de Nevers, qui, placé sous le dais, s'avance en distribuant des bénédictions au peuple s'inclinant sur son passage.

Après l'hymne consacrée par l'Eglise à invoquer les lumières de l'Esprit-Saint, Mgr Dufêtre entonne les vêpres, dont le chant est exécuté en faux-bourdon par les lutrins réunis des six paroisses. Au *Benedicamus Domino*, l'officiant monte en chaire et ouvre la station jubilaire par un discours, véritable chant d'amour à la gloire de la Patronne de Lille. L'éloquence de Mgr Dufêtre est connue. Pendant vingt-quatre ans, avant que la Providence le forçât à échanger le bâton de l'apôtre contre la houlette du pasteur, sa parole a retenti dans toutes les parties de la France. Rien qu'à le voir en chaire, on ne peut s'empêcher d'éprouver pour lui un sentiment de respect ; sa noble tête, son regard puissant, sa belle stature, disent d'avance qu'il va annoncer de grandes vérités et faire pâlir les ennemis de sa sainte cause. Son organe, un des plus beaux qui aient jamais été entendus, correspond admirablement au feu de son cœur ; et, lorsqu'il a ouvert la bouche, on est saisi d'un étonnement qui ne fait que s'accroître. Comme Bridayne, dont il a adopté et conservé le genre, il sait donner à sa voix tous les tons que son sujet demande ; il est simple dans la conférence, grand dans le discours solennel, toujours entraînant bien plus par l'ardeur de la charité qui le consume que par la splendeur de sa voix qui séduit. Les milliers de cœurs qui, du nord au midi, lui doivent leur retour à Dieu, disent, en conservant religieusement sa mémoire, qu'on peut l'appeler l'apôtre de la France, comme on l'a appelé le *Bridayne du XIXe siècle* [1]. Son discours fut écouté avec l'attention la plus soutenue, et tout fait espérer que sa prière onctueuse adressée en terminant à N.-D. de la Treille sera exaucée.

Ceux qui connaissent l'histoire religieuse de l'ancienne capitale de la Flandre, en entendant l'évêque de Nevers ouvrir la station du Jubilé séculaire, ne peuvent s'empêcher de bénir la Providence, qui se plaît toujours à rapprocher par quelque circonstance les grandes époques des nations. Lorsqu'il y a quatre siècles, dans la collégiale

---

[1] Parole de Monseigneur Giraud, archevêque de Cambrai, lors de la clôture du Jubilé, prêché dans sa métropole en 1842, par Mgr Dufêtre, alors vicaire-général de Tours.

de Saint-Pierre, Philippe le Bon consacra l'ordre et les chevaliers de la Toison d'or à N.-D. de la Treille, ce fut aussi un évêque de Nevers qui prononça le discours.

Un salut solennel et la bénédiction du Saint-Sacrement terminèrent cet office, après lequel les prélats furent reconduits processionnellement au presbytère, au milieu de la même foule qui s'était pressée sur leur passage deux heures auparavant.

JOURNÉE DU DIMANCHE 25 JUIN.

Le dimanche, à quatre heures et demie, les églises ont ouvert leurs portes, et se remplissent de la partie de la population habituée, à cause de son peu de loisir, à sanctifier le jour du Seigneur en assistant au saint sacrifice de grand matin. Le prêtre est en chaire annonçant la parole de Dieu, dans une instruction simple et familière. A Saint-Maurice, c'est Monseigneur l'évêque de Nevers; à Sainte-Catherine, M. l'abbé Capelle; ailleurs ce sont les prêtres attachés au service paroissial. L'exhortation de chaque prédicateur, vicaire, curé, missionnaire ou prélat, presse les fidèles de profiter du temps de grace qui leur est accordé sous les auspices de leur bien-aimée Patronne; elle leur dit de ne pas regarder ces jours de fêtes comme offrant seulement de magnifiques spectacles à leur curiosité, mais comme devant les rapprocher de

Dieu davantage et les rendre encore meilleurs chrétiens. A quoi leur servirait, en effet, d'orner leurs maisons, s'ils ne cherchaient à orner leurs cœurs? N'est-ce point là ce que leur demande avant tout la Mère de Dieu, qui les appelle à son Fils pour leur faire trouver le bonheur?....

Dans chaque église, la radieuse Eucharistie brille sur l'autel paré pour l'octave de la Fête-Dieu; l'office se célèbre à dix heures; et, pendant que les bannières s'y déploient, que les jeunes vierges ornées de leurs longs voiles blancs et de leurs couronnes de roses forment le cortège du Dieu caché, s'avançant au chant des hymnes sacrées et au milieu des flots d'encens sous les arcades des temples; à Ste-Catherine, Mgr l'archevêque de Cambrai officie pontificalement entouré d'un nombreux clergé revêtu d'ornements d'or, acquis exprès pour la fête séculaire. Le chant de la messe est exécuté par la société dite l'*Union chorale*, qui, d'elle-même, s'est offerte pour contribuer, par ses accents pleins de vigueur et d'harmonie, à l'éclat des fêtes de la patronne de Lille. Fiers de la riche bannière dont leur a fait présent le *Cercle du Nord*, et que naguères ils ont fait bénir solennellement pendant la messe paroissiale de St-Maurice, les jeunes gens qui composent cette société consacrent leurs talents à célébrer la gloire de Dieu et de la patrie : leurs voix harmonieuses sont au service de toutes les œuvres de charité, et le pasteur qui les invite à prendre part à quelque cérémonie extraordinaire, les trouve toujours disposés à seconder son zèle. Nous ne dirons qu'un mot

CHAPITRE IV.

de l'exécution de leur messe : ils ont interprêté une savante composition musicale en artistes pleins de goût et en chrétiens pleins de foi.

La foule, qui a rempli le lieu saint, revient à l'heure des vêpres plus empressée et plus compacte, afin d'entendre le premier discours du P. Souaillard, qui doit occuper la chaire de Ste-Catherine, tandis que l'évêque de Nevers tiendra celle de St-Maurice, et le P. Lavigne celle de saint André. La réputation du P. Souaillard l'a précédé à Lille ; aussi l'auditoire compte-t-il dans ses rangs les personnages les plus distingués de la société ; on y remarque M. le préfet du Nord avec sa famille, et les officiers supérieurs des régiments qui sont en garnison dans la ville. L'orateur monte en chaire revêtu de l'habit de l'ordre de Saint-Dominique, auquel il appartient. Tous les yeux s'attachent sur sa robe blanche que recouvre un manteau noir, et sur sa tête rasée autour de laquelle une ligne de cheveux forme comme une couronne. Il veut commencer ses prédications par payer un tribut d'éloges à la Mère de Dieu, l'objet des fêtes qui l'ont appelé à Lille ; et, pour faire comprendre tout ce que les chrétiens doivent d'amour à cette auguste créature, il envisage son sujet sous un point de vue traité déjà par la philosophie catholique, mais que l'on n'examine pas assez : la réhabilitation de la femme par Marie.

Orateur d'un talent hors ligne, le P. Souaillard s'est affranchi des règles tracées par les maîtres de l'ancienne école. Ses discours n'ont point, comme ceux de Massillon, une série de divisions et de subdivisions, ni de raisonnements étendus comme ceux de Bourdaloue. Il avance une proposition, la développe en présentant ses preuves tirées le plus souvent des enseignements de l'histoire; et enchaîne ses démonstrations par une logique vigoureuse, qui lui fournit des inductions oratoires dans lesquelles son âme ardente, servie par une voix sonore, remue les cœurs et les fait palpiter. Nous dirions que le genre de Bossuet est celui dont le genre du P. Souaillard se rapproche le plus, si Lacordaire n'avait pas créé le sien. Comme celle de l'évêque de Meaux, sa pensée a quelque chose de large qui excite l'admiration ; son style, une grande noblesse unie à une vigueur entraînante; et dans l'expression, une franchise, on pourrait même dire une hardiesse que le vrai talent seul possède l'art d'affronter, sans crainte de tomber dans le trivial. La nouvelle école lui a fourni un certain tour original dont il se sert avec succès pour présenter ses raisonnements, et dans une profonde connaissance du monde et du cœur humain, il trouve une mine de détails pratiques, devant lesquels il faut reconnaître que pour être vraiment homme et chrétien on a besoin de devenir meilleur. Pendant une heure, le P. Souaillard captiva la foule qui l'écoutait ; quand il descendit de la chaire, il laissa son auditoire heureux de l'avoir entendu, et se promettant le bonheur de l'entendre encore.

A huit heures, eut lieu le salut solennel qui devait clore la journée. Il fut exécuté par la chapelle de Ste-Catherine, à laquelle s'étaient joints quelques artistes. Nous ne parlerons pas de ces chants qui, dirigés par l'organiste de la paroisse, M. L. Sannier, éveillaient les pieux sentiments de l'âme, pendant que les yeux contemplaient avec admiration le splendide spectacle que présentait l'église. Les feux scintillants de mille bougies qui garnissaient les lustres, rendaient les murs semblables à ceux de la céleste Jérusalem qu'aperçut l'apôtre saint Jean dans sa vision apocalyptique. La lumière, qui de tous côtés ruisselait dans l'or et l'argent, en faisait comme des murailles de cristal, et dans le fond du sanctuaire, la châsse de N.-D. de la Treille, éclairée par un éclat dissimulé qui projetait toute sa vigueur vers la chapelette contenant la Madone, complétait le magnifique tableau tracé par l'écrivain sacré, et dans lequel l'objet des adorations du ciel et de la terre, au fond du temple de l'éternité, tient tout son éclat de lui-même.

C'est avec regret que les fidèles semblèrent abandonner le saint lieu. Le clergé avait quitté le sanctuaire ; les harmonies de l'orgue qui suivent la bénédiction du Saint-Sacrement et l'invitation du Prophète à toutes les nations et à tous les peuples de louer le Seigneur avaient cessé ; la foule restait stationnaire et silencieuse, frappée d'un sentiment de profonde piété qui lui faisait dire comme à David : *Un moment passé près de l'autel de Dieu, vaut mieux que mille passés au milieu des joies offertes par le péché.* Ce ne fut que lorsque les dernières lueurs s'éteignirent, qu'elle s'écoula lentement en murmurant sa prière et tout heureuse des saintes émotions dont elle avait été remplie.

JOURNÉE DU LUNDI 26.

C'est aujourd'hui que doivent commencer les pèlerinages des paroisses à l'autel de N.-D. de la Treille. MM. les curés des environs de Lille se sont depuis long-temps fait inscrire ; un jour et une heure leur ont été assignés. Fidèles aux prescriptions du programme, ils ont pris leurs dispositions pour traverser processionnellement les rues de la ville, en chantant les litanies de la sainte Vierge, et arriver à Sainte-Catherine au moment précis où ils sont attendus avec leurs ouailles. Tout est réglé pour qu'à l'église leur entrée et leur sortie s'exécutent avec le plus grand ordre. Ils se présenteront par le grand portail, parcourront la nef gauche, passeront devant le sanctuaire et se placeront dans la chapelle de la nef droite, par la porte de laquelle ils sortiront, de manière à ce qu'une paroisse puisse entrer pendant que celle qui l'aura précédé quittera l'église, après avoir assisté au saint Sacrifice célébré par son pasteur. Quatre suisses en grande tenue aident à maintenir ces dispositions à l'intérieur, tandis que trois agents de police, qui se tiennent à l'entrée de chaque portail, maintiennent l'ordre au dehors.

Sept heures sonnent : voici Wazemmes. Un millier de personnes environ de toute classe et de tout âge accompagnent M. le curé, qui, entouré de ses vicaires, et précédé de la croix et de la bannière portées par de jeunes personnes vêtues de blanc et voilées, tient en ses mains l'*ex-voto* de la paroisse. Cette offrande est une plaque d'argent sur laquelle sont ciselées les armoiries de Wazemmes avec l'inscription : *Wazemmes à N.-D. de la Treille.* Derrière le pasteur, les dames de la Conférence de Saint-Vincent de Paul portent un cœur d'argent buriné, sur lequel est l'image de N.-D. de la Treille, et, au milieu d'une guirlande, l'inscription destinée à rappeler les donateurs de l'offrande. Les chantres, selon l'ordre indiqué, entonnent le *Salve Regina;* M. le curé, placé au bas des degrés de l'autel, chante les versets et oraisons analogues à l'antienne ; puis, ainsi que la présidente de la Conférence, il remet l'*ex-voto* entre les mains d'un ecclésiastique, qui, à son tour, place ces présents sur un coussin disposé à cet effet sous la table de l'autel. Un vicaire monte en chaire et récite à haute voix les prières prescrites par le bref pontifical, pour gagner l'indulgence du Jubilé, et, aussitôt M. le curé, au chant des hymnes et des cantiques, commence la messe, à laquelle communient un grand nombre de ses paroissiens.

A sept heures et demie, arrivent les paroisses de Fives, d'Hellesmes et de Mons-en-Barœul. Dans les rangs de la première, on ne peut voir sans attendrissement, conduits par les bons Frères de Saint-Gabriel leurs instituteurs, les élèves de l'école des Sourds-muets et des jeunes Aveugles. Parmi ceux-ci, les uns chantent, à travers les rues, des chœurs de brillants cantiques, les autres tiennent des instruments de musique dont ils accompagnent les chants de leurs camarades. Au nom de ses paroissiens, M. le curé de Fives présente à l'autel de N.-D. un cœur en vermeil, et célèbre le saint sacrifice.

A peine ces trois paroisses sont-elles entrées, que déjà Loos est aux portes de l'église. Loos, la paroisse célèbre par sa dévotion à N.-D. de Grace qu'y inaugura saint Bernard, ne pouvait manquer de venir une des premières vénérer N.-D. de la Treille. On remarque dans sa procession l'élégance et la modestie des jeunes personnes qui portent de fort jolies bannières; un nombreux chœur de cantiques; des Filles de la charité, des Frères, qui, sous les auspices de Marie, y instruisent les enfants des deux sexes, enfin un *ex-voto* consistant en une bannière de moire blanche sur laquelle est brodée d'or l'image de la Reine des anges, ainsi que l'inscription : *Offrande de la paroisse de Loos à N.-D. de la Treille*. Cette procession, qui n'est attendue qu'à huit heures, stationne dans la rue, en conservant ses lignes, jusqu'à ce que le saint sacrifice célébré par M. le curé de Fives soit terminé. Enfin elle prend sa place dans l'église, et ne cesse de faire entendre d'harmonieux cantiques pendant tout le temps de la messe qui se prolonge, à cause du grand nombre de pèlerins qui s'approchent de la sainte table.

Pendant ce temps, le bruit du tambour se fait entendre : c'est la procession de la paroisse de Lambersart, en tête de laquelle s'avancent ses deux compagnies d'archers, aux arcs enrubannés et aux drapeaux flottants. De jeunes enfants, la houlette à la main, y figurent les bergers allant à Bethléem, et d'autres les trois rois mages, offrant l'or, la myrrhe et l'encens au Sauveur du monde.

Il est près de neuf heures et demie lorsque toutes ces processions ont repris, chacune de leur côté, et au chant du *Magnificat*, le chemin de leur paroisse.

Une procession plus nombreuse et plus solennelle est attendue : c'est celle d'une des paroisses de la ville, qui, ainsi que nous l'avons déjà dit, doivent venir successivement en pèlerinage et assister à l'office pontifical qui se célèbre à dix heures. Saint-Etienne ouvre la série de ces pompes majestueuses qui sont comme les préludes de la procession générale du dimanche suivant, et que l'on va saluer, sur leur passage, avec d'autant plus de plaisir, qu'à la fête du Saint-Sacrement la pluie les a retenues dans l'intérieur des églises. La voilà avec ses éclatantes bannières de velours rouge et de velours vert, de moire et de drap d'argent brodées d'or, son admirable chœur de cantiques organisé par M. L. Danel, ses jeunes vierges vêtues de robes azur, ses religieuses garde-malades, dites de Bon-Secours, son chant pieusement harmonieux, et son clergé revêtu de chappes blanches couvertes de délicates broderies d'or. Plus de trois mille personnes, en habits de fête, suivent le cortège et pénètrent dans l'église qui peut à peine les contenir, et, presqu'aussitôt, l'office célébré avec le plus grand appareil, par l'évêque de Nevers, commence.

Ecoutez ces mâles accents qui entonnent le *Kyrie* : le chœur qui les formule se compose de cent quarante voix accompagnées de soixante-dix instruments : c'est la musique du 6ᵐᵉ régiment d'infanterie légère; elle a brigué l'honneur de chanter, elle aussi, les louanges de Dieu et de N.-D. de la Treille. M. Poinsignon, son chef, qui seconde admirablement les vues artistiques et religieuses du digne colonel M. le comte de Clonard, a fait appel au régiment pour réunir des chanteurs; et ceux-ci se présentèrent en si grand nombre, qu'il eut alors l'embarras du choix. Les braves militaires étaient heureux de pouvoir, comme ils le disaient, *chanter la messe de la Vierge;* quelques-uns parmi eux, désignés pour entrer dans la garde impériale, demandèrent, comme une faveur, de ne quitter le régiment qu'après l'exécution de la messe; et d'autres, en partant pour le camp de Boulogne, disaient hautement qu'ils ne regrettaient qu'une chose, c'était de ne pouvoir chanter à l'église avec leurs camarades. Avec un ensemble que l'on croirait ne pouvoir trouver que chez des artistes consommés, ils exécutèrent la messe d'Elsner orchestrée par M. Poinsignon.

Le chant liturgique de l'office ne leur suffit pas : à l'offertoire, ils entonnèrent le cantique suivant, œuvre musicale de M. Sannier.

> O cité de la Vierge, en ce jour d'allégresse,
> Que ton amour s'exhale en chants mélodieux;
> Que ta pieuse voix redise avec ivresse
> Le beau nom de Marie aux mille échos des cieux.
>
> O puissante Souveraine,
> Le siècle en son cours amène
> La fête chère à nos cœurs;

Pour célébrer ta mémoire,
Ton peuple en ce jour de gloire
Vient t'offrir ses chants, ses fleurs.

O la plus tendre des mères,
Ainsi que t'aimaient nos pères,
Nous t'aimons à notre tour.
Notre Flandre est ton domaine,
Et tes bienfaits sont la chaîne
Qui nous lie à ton amour.

Près de l'image bénie,
Vois ton peuple qui te prie,
Et qu'unit un même amour.
Du riche accepte l'offrande,
Du pauvre entends la demande,
Donne-leur le pain du jour.

Garde toujours cette enceinte,
O toi, des cieux porte sainte,
Blanche tour de la cité;
Et tes enfants, d'âge en âge,
T'offriront un pur hommage
D'amour et de piété.

Souvenir du temps antique,
La bannière symbolique
S'incline devant l'autel.
C'est un signe d'alliance
Que Lille avec confiance
Donne à ton cœur maternel.

A onze heures, les dames se rendent ou à l'église Saint-Maurice, ou à l'église Saint-André, pour y assister à la conférence que, chaque jour, les orateurs indiqués plus haut y donnent pour elles.

Comme la veille, le père Souaillard monte en chaire

à Sainte-Catherine à l'issue des vêpres. Il entre dans le sujet qu'il va traiter pendant l'octave : la charité envers le prochain dont il commence par établir, avec sa force d'argumentation, la divinité, la nécessité et l'esprit pratique.

A huit heures, les flambeaux s'allument à l'autel de N.-D. de la Treille ; l'église se pare de sa splendide illumination, et, pendant qu'ailleurs la parole sainte retentit du haut de la chaire, dans l'église jubilaire retentissent, du haut de la tribune, les accents de la prière parée de tous les charmes de l'harmonie. Des enfants de la cité, au nom de leurs frères, offrent, le soir, le salut à l'auguste patronne, à la céleste mère de la nombreuse famille, et la supplient de leur accorder le sien. Les chants sont exécutés par le chœur de la société de Saint-Joseph, bons jeunes gens, ouvriers pour la plupart, qui sous le patronage de celui qui protégea l'enfance et l'adolescence du Dieu fait homme, se sont unis pour conserver, en gagnant le pain quotidien et en se livrant aux joies que donne la pureté du cœur, les sentiments de foi et la pratique des vertus qui font l'honnête homme et le bon chrétien. Ces dispositions en disent assez pour faire comprendre qu'ils ont rendu leurs chants sacrés dignes du nom qu'ils portent et de l'auguste protectrice qu'ils glorifiaient. M. l'abbé Desrousseaux, de Lille, doyen-curé de Saint-Géry à Cambrai, présidait l'office.

JOURNÉE DU MARDI 27.

Une des choses qui frappent le plus les Lillois dans les fêtes du Jubilé de N.-D. de la Treille, c'est le spectacle que présentent les processions des paroisses rurales, qui le matin arrivent en pèlerinage. Ce bon pasteur, à la tête de son troupeau, ces longues lignes de jeunes filles en parure virginale, portant des bannières et chantant des cantiques; cette foule de villageois qui ont quitté leurs travaux pour venir adresser leurs prières à la Patronne de la Flandre, la Mère de Celui qui tient en sa puissance les chaleurs, la pluie et la rosée : tout cela les touche et les émeut. Aussi, sur leur passage, les processions sont-elles accueillies avec respect, les rues qu'elles traversent se parent d'oriflammes et de banderolles, les habitants sortent de leurs demeures pour les voir, et la plupart s'unissent à leur démarche en se signant et en murmurant une prière; les passants s'arrêtent et se découvrent; tout annonce que la cité entière ressent les douces impressions d'une piété qui, pour beaucoup, a été inconnue jusque-là.

La paroisse qui le mardi arrive la première, c'est Lomme. Heureuse et fière de posséder l'image miraculeuse de N.-D. de la Barrière, que lui dispute la paroisse Saint-André *extra-muros*, dans la circonscription de laquelle se trouve l'emplacement de l'abbaye de Marquette, où la Flandre accourait autrefois vénérer cette Madone, elle redit ce refrain, qui est pour elle comme un chant national :

> Tu retrouves chez nous, Dame de la Barrière,
> Les splendeurs de ton culte et l'encens et les fleurs.
> Bénis du haut des cieux ton nouveau sanctuaire,
> Et comme aux anciens jours donne-nous tes faveurs.

Aujourd'hui ses chants sont à N.-D. de la Treille ; car la Mère de Dieu est toujours aussi bonne et aussi aimable, sous quelque vocable qu'on l'invoque.

A sept heures, vient la jolie procession de la Madeleine *extra-muros*. Les Sœurs de la Providence conduisent leurs nombreuses élèves, dont les aînées portent la bannière de la sainte Vierge ; et, au premier rang, derrière le pasteur, marchent les membres de la Conférence de Saint-Vincent de Paul et de l'Association pour la sanctification du dimanche dans la localité.

A sept heures et demie c'est Esquermes, célèbre par son sanctuaire à N.-D. de Réconciliation, le plus ancien de toute la Flandre, qui vit devant l'autel de sa patronne le comte de Flandre Baudouin IV recouvrer la santé, et saint Arnould, évêque de Soissons, consacrer ses travaux et son diocèse à Marie. La procession d'Esquermes est brillante : elle a dans ses rangs, outre de nombreuses jeunes filles, le pieux pensionnat de M. Mercier, avec sa musique et ses bannières de la sainte Enfance et de saint Louis de Gonzague, portées et escortées par des jeunes gens aux écharpes de velours brodées d'or.

Croix, qui offre à N.-D. un joli cœur d'or entouré de pierreries, entre à huit heures. Tous les habitants de cette paroisse, hommes et femmes, vieillards et enfants, ont voulu faire ensemble le saint pèlerinage. Ils sont venus avec plusieurs chariots, afin de faciliter le trajet à ceux à qui la marche aurait été trop pénible. A la porte de la ville, tous se sont rangés en ordre, en déployant leurs bannières. M. le curé est en chasuble de drap d'or ; sur ses pas, à la tête de la population, sont les membres du Conseil municipal, présidés par M. le maire et M. l'adjoint, revêtus des insignes de leur autorité ; et pour que rien ne manque à la fête, sur l'invitation du pasteur, les virginales et charmantes voix des orphelines de la maison dite de Sœur Sophie, chantent des cantiques du haut de la tribune, pendant l'oblation du saint sacrifice.

Wambrechies et Marquette sont à l'église à huit heures, offrant comme un symbole des cœurs qui les présentent, de charmants bouquets de roses à l'autel de Marie.

Saint-Sauveur est la paroisse de la ville qui fait son pèlerinage après Saint-Etienne. Toute sa richesse est dans le nombre considérable de fidèles qui viennent à la suite de leurs prêtres vénérer l'image de celle qui fut pauvre comme eux et mère d'un Dieu plus pauvre encore. Ils ont entendu l'appel de leur pasteur : cet appel fut pour eux l'appel de la sainte Vierge elle-même, et le nom de la sainte Vierge leur va au cœur. Toutes leurs rues sont ornées de ses images, et plus d'une fois, dans des circonstances critiques, ils ont montré que son amour leur est aussi cher que la vie. Parmi eux on remarque surtout beaucoup de mères de famille, portant dans les bras leurs petits enfants, qu'elles veulent présenter à N.-D. de la Treille, pour qu'elle leur obtienne la santé et le bonheur. Quoique privée des richesses qui brillent aux autres paroisses, la procession de la paroisse des pauvres n'est pas pour cela dépourvue de beauté : ses jeunes filles, vêtues de blanc, n'ont rien à envier à celles que l'on voit figurer ailleurs, et ses jeunes garçons, conduits par leurs instituteurs, les Frères des Ecoles chrétiennes, sont tous fiers de voir quelques-uns de leurs camarades transformés en saints personnages : saint Jean-Baptiste, saint Joseph, et le Sauveur du monde lui-même ; pieuses représentations qui rappellent les souvenirs du moyen-âge, et qui, pour être regardées comme n'étant plus de notre siècle, n'en sont pas moins chères au peuple, qui s'édifie avec elles et s'en trouve très-honoré. M. le doyen de Saint-Sauveur officia solennellement, et les chantres de sa chapelle chantèrent la belle messe royale de Dumont, *la plus belle musique que Louis* XIV *ait entendue* dans la chapelle du palais de Versailles.

Aux vêpres, le P. Souaillard, dont l'auditoire était encore plus nombreux que la veille, commença à entrer dans les détails du sujet qu'il a adopté ; il traita de la charité dans la parole, forçant toutes les consciences de sentir l'aiguillon du remords.

Le salut fut chanté en plain-chant par le chœur de N.-D. des Anges de Tourcoing et présidé par le doyen de cette paroisse. Les notes graves du chant grégorien tel qu'il vient d'être réformé ou plutôt ramené à sa primitive noblesse, et fortement accentué par un accord de nombreuses et belles voix, n'ont pas fait moins de plaisir que les deux brillants cantiques dont elles ont été suivies.

JOURNÉE DU MERCREDI 28.

A mesure que les jours du Jubilé s'écoulent, l'élan de la population lilloise grandit. Les maisons se décorent de plus en plus ; tous les tapissiers sont occupés à confectionner des bannières et des oriflammes que l'on ne cesse de demander à leur comptoir ; partout on se cotise pour que chaque rue, dans toute sa longueur, soit ornée d'une manière uniforme ; on parle d'arcs de triomphe, de dômes, d'ornementations de toute espèce, et les bruits qui circulent sur ce que l'on prépare dans quelques quartiers, obligent de faire annoncer par les journaux, qu'à cause de la hauteur de la châsse de N.-D. de la Treille, toutes les décorations devront laisser un espace vide de neuf mètres au moins, dans les rues que traversera la procession. Chaque jour une pluie survient, mais comme elle n'arrive que lorsque tous les pèlerinages des paroisses sont terminés, on aime à s'entretenir dans la confiance que le beau temps favorisera également la procession générale ;

on s'aborde en se demandant, après les saluts d'usage, ce que l'on pense du temps, et tous semblent prendre à tâche de dissiper les craintes ; avec un air de certitude, tous répondent : Il faut espérer !.... On dirait que toute la ville est enveloppée d'une atmosphère de foi et de piété, à l'influence de laquelle personne ne peut se soustraire. Dans les églises, les tribunaux de la pénitence sont entourés d'une foule qui, dès quatre heures du matin jusqu'au milieu de la nuit, se renouvelle constamment. Le clergé paroissial ne peut suffire ; il faut qu'il demande l'aide des religieux et des prêtres étrangers qui, venus à Lille en simples pèlerins, sont tout étonnés et tout heureux de se voir requis pour exercer leur ministère de réconciliation. Les diverses enceintes où se donnent la prédication deviennent trop étroites pour contenir l'auditoire qui s'y presse : il faut ouvrir à Saint-Sauveur un nouveau cours d'instructions dont se charge le R. P. Cœurdacier. Sainte-Catherine ne cesse d'être remplie pendant la matinée, et, à une heure, on commence à venir s'y installer pour retenir la place d'où l'on veut entendre le sermon. Dans cette église, le nombre des personnes qui s'approchent de la table sainte est si grand, que deux prêtres doivent être employés uniquement à distribuer la sainte communion depuis l'heure de la première messe jusqu'à celle de l'office pontifical.

Les pieds de l'autel de N.-D. de la Treille et les gradins qui le surmontent sont garnis de cierges et de bouquets, qu'à chaque instant de pieuses mains sollicitent la faveur d'y déposer. Cependant la journée du mercredi ne doit pas voir à cet autel un si grand nombre de pèlerins que les jours précédents. Le marché qui appelle leurs paroissiens à la ville pour y vendre leurs denrées, n'a pas permis aux curés des environs de choisir ce jour pour leur pèlerinage ; mais en revanche, ceux dont nous avons à enregistrer la pieuse démarche ont mérité davantage, parce qu'ils sont venus de plus loin. Ce sont Frelinghien, Verlinghem et Seclin. La longueur de la route ne les a pas empêchés de déployer un certain appareil et de marcher processionnellement. Les jeunes filles ont aussi leurs robes virginales ; d'élégantes bannières, rappelant les mystères de la vie de la Mère de Dieu, se déroulent au souffle des vents ; et si leurs rangs sont un peu moins garnis, ceux qui les composent nourrissent en leur âme une plus ardente piété. Avant ces paroisses, s'étaient présentés, accompagnés des ecclésiastiques leurs maîtres, les élèves de l'établissement d'enseignement libre de Saint-Joseph à Lille.

A l'heure prescrite, arrive la procession de Saint-Maurice, formée des divers pensionnats que compte la paroisse. Parmi les bannières qui la décorent, on admire celles du saint Sacrement et de la sainte Vierge, qui sont d'une grande richesse, et le labarum d'or de la légion Thébéenne. Elle a l'honneur de compter dans ses rangs Mgr l'évêque de Nevers, qui, revêtu de ses ornements pontificaux, s'avance à la tête des nombreux fidèles qu'il évangélise, se regardant comme paroissien de l'église où trois fois le jour il annonce la parole de Dieu.

L'office célébré par le vicaire-général du prélat est de l'Immaculée Conception, pris du *Propre* du diocèse, et la chapelle de l'église qui fait le pèlerinage exécute la belle messe en plain-chant harmonié dite du Saint-Esprit, par M. Mazingue. Après l'Evangile, Mgr Dufêtre, qui, à cause de la circonstance, ne peut donner sa conférence à Saint-Maurice, monte en chaire, et prêche sur le saint sacrifice de la messe.

Aux vêpres, le P. Souaillard continue de développer son sujet si fécond et si digne d'être traité par sa bouche d'or. Hier il a parlé de la charité dans la parole, aujourd'hui il s'occupe de la charité dans l'action. Amené naturellement à la question de l'aumône, l'orateur, l'histoire à la main, démontre que le christianisme seul réhabilite et aime le pauvre, et, par les plus beaux traits d'éloquence, il met à nu toutes les théories modernes sur le paupérisme, qui ne portent avec elles que haine, envie, fureur et effusion de sang.

Le salut du soir, chanté par la chapelle de N.-D. de Roubaix, fut présidé par Mgr Desprez, évêque de Saint-Denis et ancien curé de cette église. Le chant des Roubaisiens, sans avoir le caractère de la musique savante, devrait s'appeler la musique d'église qui seule peut se placer à côté du chant grégorien. Noble et éminemment pieux, dit avec l'accent de la foi et par un ensemble de voix choisies, il produit dans les âmes quelque chose de mieux que la pieuse émotion, il y fait entrer le goût et le sentiment de la prière.

CHAPITRE IV. 71

Au milieu de l'exécution des diverses mélodies, un enfant de la cité, M. l'abbé Bernard, vicaire-général, monte en chaire, et après avoir proclamé selon l'usage, le nom des paroisses attendues le lendemain, s'adressant à la foule des hommes de toutes les conditions qui encombrent l'église, il rappelle que douze ans auparavant, à ce même jour, veille de la fête de saint Pierre, a été commencée, dans cette même église Sainte-Catherine, l'œuvre de la résurrection du culte de N.-D. de la Treille. « L'église Saint-Pierre, s'écrie-t-il, n'existe plus ! c'est là qu'était honorée autrefois, dans un sanctuaire digne d'elle, N.-D. de la Treille. Lillois, laisserons-nous dans un temple d'emprunt, et dont l'exiguité ne peut convenir aux splendeurs de son culte, l'image de notre vénérée et bien-aimée Patronne, de Celle qui nous a toujours protégés, à laquelle cette ville de Lille s'est consacrée solennellement ? Ne bâtirons-nous pas l'église de N.-D. de la Treille ? Est-ce que l'élan qui s'est manifesté parmi les habitants de la cité, lorsqu'il y a un peu plus d'une année l'idée de cette construction fut publiquement émise, et qui produisit une somme de trois cent mille francs, aura été inutile ? Est-ce que les paroles de Mgr l'Archevêque, qui a proclamé du haut de cette chaire qu'il acceptait cette œuvre et qu'il en faisait la sienne, auront été inutiles ? Est-ce que le désir exprimé par le souverain Pontife lui-même aura été inutile ? Habitants de Lille, c'est un de vos frères qui vous le demande : pensez-y sérieusement. Consultez votre foi, consultez votre amour envers N.-D. de la Treille, consultez l'honneur de la religion, consultez Dieu, demandez-lui qu'il vous éclaire, et dites-lui : Seigneur, mon cœur est prêt. *Paratum cor meum, Deus, paratum cor meum.* »

Il était huit heures et demie du soir : trois heures plus tard, par un concours de circonstances inattendues, on signait le contrat d'achat du terrain pour la construction de l'église de N.-D. de la Treille.

JOURNÉE DU JEUDI 29.

Le jeudi, à la première aube du jour, pendant que les rues sont désertes, que le silence règne partout, les portes de l'église jubilaire sont ouvertes, les cierges s'allument à l'autel de Marie. Conduit par des épouses de Jésus-Christ, un essaim de femmes se range pieusement dans la nef. Pauvres créatures dépouillées de la robe virginale, elles chantent comme le roi David après son péché : leurs accents sont les longs soupirs de la pénitence ; comme la Madeleine aux pieds du Sauveur, elles répandent des gémissements et des larmes, et en élevant leurs regards vers l'image de Marie que saluent les premiers rayons du soleil, elles trouvent des charmes délicieux à appeler cette Mère d'amour du nom de Mère de miséricorde. Pauvres brebis que le Bon-Pasteur a cherchées long-temps peut-être, qu'il a ramenées au bercail et qu'il conserve sous sa houlette, elles sont venues faire hommage à N.-D. de la Treille de la sublime vertu qu'on appelle repentir, lui demandant son indulgence pleine et entière, et une prière auprès de Dieu pour qu'il oublie toutes leurs fautes. Ensemble elles s'approchent de la Table sainte et mangent le Pain des forts, puis elles se retirent silencieuses. Quelques personnes qui les rencontrèrent dans la rue dirent peut-être en les voyant : Oh! qu'elles sont malheureuses! Elles, de leur côté, disaient dans leur cœur que les joies du péché n'ont pas de charmes si doux que les pleurs de la pénitence.

Mais déjà les cloches font entendre leurs joyeuses volées, les fidèles entrent dans l'église, les ouvriers viennent entendre l'instruction familière qui leur est faite chaque matin, les prêtres retiennent leur tour pour célébrer la messe à l'autel de Marie, de nombreux pèlerins arrivent pour gagner le Jubilé.... Il est sept heures. Précédés de leur blanche bannière, sur laquelle brille l'image de Celle qui fut l'objet du plus tendre amour de leurs jeunes patrons Stanislas de Kostka et Louis de Gonzague, accompagnés de leurs trente professeurs ecclésiastiques, les deux cent cinquante élèves du pensionnat de Marcq, vêtus de l'habit noir, le front découvert, ont traversé processionnellement les rues de la ville. Ils prennent place dans l'église, et après le chant du *Salve* et les prières pour gagner le Jubilé, pendant que leur digne supérieur, M. l'abbé Crévecœur, offre le saint sacrifice, ils entonnent tous d'une voix les chants qu'ils ont composés et qui expriment leurs vœux à N.-D. de la Treille. Voici ces cantiques :

I

Salut, ô Patronne de Lille,
Aimable Reine aux doux regards,
Sous ton sceptre chacun tranquille
Repose en paix dans tes remparts !
A ton aspect notre foi se réveille,
Nous jurons d'être à jamais tes enfants.
Vierge de Lille, ô Vierge de la Treille
Reçois nos cœurs, notre amour, nos serments.

Quelle auréole t'environne
Et resplendit de toutes parts !
Quel pur éclat sur ta couronne
Sur ton trône et tes étendards !
A ton aspect notre amour se réveille,
Nous jurons d'être à jamais tes enfants.
Vierge de Lille, ô Vierge de la Treille
Reçois nos cœurs, notre amour, nos serments.

Toujours, dans ton amour de mère,
De nos yeux tu séchas les pleurs,
Et souris à l'humble prière
De tes fidèles serviteurs.
Bonne Marie, ah ! prête encor l'oreille
A nos soupirs, à nos gémissements.
Vierge de Lille, ô Vierge de la Treille
Guéris les maux de tes jeunes enfants.

Lorsque la marche triomphale
De ton cortège, en la cité,
Déploira sa pompe royale,
Fais croître en nous la piété.
Et saluant le beau jour qui s'éveille,
Nous chanterons dans nos transports d'amour

Vierge de Lille, ô Vierge de la Treille,
L'enfant de Marcq est à toi sans retour.

II

Cité de Lille, ta couronne
Retrouve son plus beau fleuron :
D'amour tout ton peuple rayonne,
Nos cœurs vibrent à l'unisson.
Que le ciel réponde à la terre
Pour chanter le plus beau des jours.
Vierge, tu seras notre mère
  Toujours !

Du haut du trône où tu résides
Abaisse sur nous ton regard,
Et vois tes enfants moins timides
Serrés près de ton étendard.
Il n'est point parmi nous de traître
Qui rougisse de tes bienfaits ;
Nous t'oublier, te méconnaître !
  Jamais !

Bénis notre pèlerinage,
Mère de grace et de douceur,
Tes enfants viendront d'âge en âge
Puiser aux trésors de ton cœur.
Et dans la cité qui t'est chère,
Revivra la foi des vieux jours.
Vierge, tu seras notre mère
  Toujours !

Le ciel entend notre promesse
Et voit l'élan de notre cœur.
Que notre bouche avec ivresse
Au loin pousse un cri de bonheur.
Vierge de Lille, à ton oreille
Nous répéterons tour-à-tour :
A Notre-Dame de la Treille
  Amour !!!

Les chants n'ont pas encore cessé que la procession d'Haubourdin demande à être admise à l'honneur d'offrir à N.-D. de la Treille l'hommage des habitants de cette petite ville, qui se symbolise dans un cœur de vermeil porté par cinq jeunes filles, sur un riche coussin. Les rangs qui forment cette procession sont nombreux, et ceux de la foule qui la suivent, plus nombreux encore. Les jeunes garçons sont conduits par leur instituteur, les élèves des Filles de la Sagesse par leur maîtresse. Tous, en entourant les bannières des saints patrons, tiennent en main de blanches oriflammes. On voit qu'Haubourdin a regardé ce pèlerinage comme une véritable fête de famille; et, sans considérer la longueur de la route, ceux qui en font partie ont voulu se présenter à l'autel de Marie dans un appareil aussi brillant que s'ils n'avaient eu qu'à parcourir les rues de leur localité. Voilà, presque en même temps, la paroisse de Sequedin, puis celle de Flers. En voyant cette dernière, on ne peut s'empêcher de laisser échapper un regret : dans le long trajet qu'elle a parcouru, elle a été surprise par la pluie ! les longs voiles qui font l'ornement de ces jeunes filles, leurs robes blanches, leurs couronnes de roses, leurs bannières semblent pleurer la perte de leur élégance si gracieuse au moment du départ et si digne de la Reine des anges à laquelle elle était consacrée.

Mais l'orgue s'éveille, ses flots d'harmonie s'épanchent à travers les arcades du saint lieu.... Place aux élèves des collèges de Tourcoing et de Roubaix, qui chantent avec enthousiasme et au son des instruments, les noms chéris de leur divine Mère ! Ils se rangent dans la nef de l'église, tandis que le chœur des musiciens va, du haut de la tribune, continuer ses harmonies et entonner une cantate, pendant l'action du saint sacrifice célébré par M. le principal. Une élite de ces jeunes gens s'avance vers l'autel et présente l'offrande du collège de Tourcoing, consistant en un plateau d'argent garni de burettes de même métal.

A peine la messe est-elle terminée que l'on annonce la procession de la Madeleine. Elle arrive composée des sœurs de l'Enfant-Jésus, d'un nombreux essaim de jeunes personnes et des enfants de ses écoles escortant les bannières du saint Sacrement, de la sainte Vierge, de saint Joseph et de sainte Philomène. La messe est célébrée par Mgr Desprez.

La foule des fidèles se grossit chaque jour davantage, et chacun peut reconnaître la vérité des paroles de l'archidiacre qui, hier, au salut du soir, déplorait l'exiguïté de l'enceinte où se vénère N.-D. de la Treille. On a eu beau démonter le porche pour lui donner un peu plus d'étendue, presser les fidèles de remplir les chapelles latérales, supprimer plus de la moitié des chaises, placer des hommes dans le sanctuaire, on en est toujours réduit à se dire : « C'est trop petit ! l'église Saint-Maurice elle-même ne suffirait pas, il faudrait la cathédrale d'Amiens !!... » On a beau supprimer la lumière des lustres aux offices du jour, la chaleur est étouffante : il faut se résigner à faire enlever plusieurs panneaux à chaque fenêtre pour élargir les courants d'air, sous peine d'avoir à déplorer de graves accidents. Aux vêpres, ce n'est plus une foule, c'est une masse de monde qui, dès les premiers psaumes, rend toute circulation impossible, et effraie ceux qui se demandent quels moyens on prendrait dans le cas où quelques personnes se trouveraient mal. C'est avec grande peine que le P. Souaillard parvient jusqu'à la chaire. Sa conférence, aujourd'hui, traite de la charité considérée dans ses rapports avec la domesticité. C'est encore en recourant aux enseignements de l'histoire que l'éloquent dominicain raisonne. Evoquant les souvenirs du paganisme avec son esclavage qui faisait d'une partie des hommes des machines vivantes créées pour servir aux hideuses passions, à la brutalité et trop souvent à la cruauté de leurs maîtres, il a montré le christianisme changeant de fond en comble l'ordre social en proclamant le principe de l'unité de tous les hommes en Dieu et en l'Eglise; principe d'où s'élève la liberté dont les sociétés antiques n'avaient pas la moindre notion. Puis, traçant la poétique peinture de la domesticité telle qu'elle était pratiquée aux jours où régnait la foi, il s'arrête devant la société actuelle, qu'il scrute avec une rare perspicacité, et en vient aux conseils pratiques, qui doivent la faire rentrer dans le véritable esprit chrétien.

A huit heures le salut fut chanté par la société dite des *Mélomanes lillois*. Les mélodies que ces jeunes gens ont exécutées font honneur à leurs talents, autant que leur zèle à rehausser l'éclat de l'office divin fait honneur aux sentiments de leur âme. Malheureusement pour eux, les masses d'ouvriers qui, au sortir des ateliers encombraient l'église, et y répandaient comme un bruit sourd, qu'augmentait encore celui causé à l'extérieur par ceux qui ne pouvaient entrer, n'ont pas permis de juger quelques-uns de leurs morceaux dont les *solos* étaient accompagnés d'un léger bourdonnement de voix imitant les effets de l'orgue.

Avant de terminer le récit de cette journée, n'oublions pas de dire que le matin, à la communion générale qui eut lieu à St-Maurice, le chœur et la musique du 6e léger ont fait entendre, à la prière de Mgr l'évêque de Nevers, les passages les plus remarquables de la messe brillante exécutée par eux, le second jour du Jubilé, à Ste-Catherine.

JOURNÉES DU VENDREDI 30 JUIN ET DU SAMEDI 1er JUILLET.

Trois jours restent encore à s'écouler jusqu'à la fin de nos fêtes, et dans ces jours, depuis l'heure de la première prédication jusqu'à celle de l'office pontifical, les voûtes de l'église jubilaire doivent rester silencieuses. Ces chants du *Salve Regina*, et ces prières à *Notre Père qui est dans les cieux*, ces salutations à *Marie pleine de grace*, qui se succèdent presque sans interruption ; ces cantiques qui se redisent comme à l'envi pendant trois heures, ne se feront plus entendre ; nous ne verrons plus aux abords de l'église stationner les pieux cortèges :

deux paroisses seulement, St-André-lez-Lille et Beaucamps, sont encore attendues. Durant la plus longue partie de la matinée, le silence du saint lieu ne sera plus troublé que par les sons argentins de l'airain sacré qui annonce les points principaux du saint sacrifice célébré à cinq autels à la fois, ou de la pièce de monnaie qui tombe dans la sébille de la petite-sœur des pauvres, ou bien encore par les voix stridentes des nombreux marchands qui, au-dehors du portail, depuis le matin jusqu'au soir, offrent aux fidèles des médailles de N.-D. de la Treille, le programme et l'itinéraire de la procession. Cependant l'église est loin de se trouver vide. Les étrangers que la piété amène à Lille chaque jour en plus grand nombre et qui s'empressent de venir saluer la sainte Image, ne permettent pas de s'apercevoir que ces jours sont différents de ceux qui se sont écoulés. On voit çà et là des pensionnats de jeunes filles, amenés, même de loin, par leurs maîtresses, et des groupes d'orphelines de divers hospices étrangers conduites par les Sœurs de Charité, ces mères que leur a données la Religion.

Des groupes d'hommes et de jeunes gens appartenant à des paroisses trop éloignées de Lille pour qu'il leur fût possible de venir processionnellement, ont suivi leur pasteur, et, agenouillés devant l'autel où celui-ci célèbre la messe, ils s'unissent pieusement à ses prières. M. le curé de Rumegies offre, au nom de ses paroissiens, un cœur orné de pierreries. Au milieu de sa famille, M. Van der Cruisse fait don d'objets semblables en vermeil et en argent, et en nombre égal à celui des membres dont cette famille se compose. M. Vanhende présente, encadrée dans un ovale de bronze doré, la médaille d'argent dont il est l'éditeur, et quelques dames apportent une jolie bannière de moire d'argent qu'elles ont brodée de leurs mains. Le vendredi, on distingue, dans les stalles du sanctuaire, les frères de Saint-Jean-de-Dieu, qui, à Lommelet, gardent les infortunés privés du don précieux de l'intelligence. Le samedi, la pluie ne peut empêcher la paroisse de St-André (extrà muros) d'effectuer son pèlerinage, tandis que celle de Beaucamps, beaucoup plus éloignée, est forcée par l'intempérie de renoncer à cette sainte démarche. A neuf heures, les deux conférences de Saint-Vincent de Paul de Roubaix assistent au saint sacrifice offert par M. le doyen de N.-D. de cette ville. Vers deux heures de l'après-midi, les pèlerinages se terminent par la visite modeste autant que pieuse d'environ cent élèves du monastère d'Esquermes; avant de faire la prière exigée pour gagner l'indulgence, elles offrent à l'autel, en leur nom et en celui de leurs compagnes, ainsi qu'au nom de leurs vénérables maîtresses, un cœur de vermeil.

Revenons aux offices solennels, qui n'ont pas cessé d'avoir toute leur pompe. Le vendredi, ils sont présidés par Mgr l'évêque de Gand, originaire de l'arrondissement de Lille; et le samedi, par Mgr l'évêque de Fréjus, ancien curé de l'église Ste-Catherine. La procession de St-André (intrà muros), au moins aussi brillante que celles admirées les jours précédents, et suivie de presque tous les habitants de la paroisse, est encore embellie par la présence du prélat officiant, qui est assisté de M. le doyen Gobrecht et de Monsignor Scott, camérier secret de Sa Sainteté et doyen de la ville d'Aire (Pas-de-Calais). Le lendemain, la procession paroissiale est remplacée par celle des pensionnaires des divers hospices de la ville, qui remplissent presqu'entièrement l'église et dont la présence, pour n'être pas remarquable par la diversité et l'élégance des toilettes, n'en est pas moins agréable aux yeux du fidèle qui reconnaît en eux les amis privilégiés du Sauveur.

Les chants, pendant ces deux jours, ont été admirables. La messe de St-André a montré qu'aujourd'hui on compte aux lutrins des paroisses des artistes de talent; celle de Ste-Catherine, de la composition de M. Sannier, et dans le *Credo* de laquelle s'est fait entendre la belle voix de M. R. Arnold, serait digne de trouver place dans le répertoire des chapelles qui tiennent à honneur de n'exécuter qu'une musique tout à la fois savante et vraiment religieuse.

Que dire du Salut chanté le vendredi par les *Orphéonistes?* Vainqueurs dans tous les concours où ils ont paru jusqu'ici, ces jeunes gens devaient se rendre à Melun, où de nouveaux lauriers leur étaient réservés ; ils ont renoncé au triomphe qui les attendait, pour ne pas se priver de la pieuse satisfaction d'offrir, eux aussi, l'hommage de leurs chants à N.-D. de la Treille. Puissent leurs mélodies harmonieuses, qui charment toujours ceux qui les entendent, et qu'écoutait une multitude plus compacte encore que la veille, avoir trouvé un semblable accueil auprès de la Vierge pleine de grace, que dans un de leurs brillants morceaux ils ont saluée en s'accompagnant des accords délicieux de l'harmonium et du hautbois !

Une société d'amateurs de Douai, auxquels s'étaient joints quelques élèves de l'Ecole normale, chanta le salut du samedi, sous la direction de M. Heisser. La ville des artistes n'avait pas voulu manquer de paraître au Jubilé de Lille de la même manière que deux ans auparavant elle avait paru au Jubilé de Cambrai. Sans prétendre établir de comparaison entre ses chants et ceux qui se sont succédé pendant huit jours à la même tribune, nous dirons qu'en interprétant les riches compositions de Schubert et de Vanhuffelen, cette société, tout en faisant admirer la piété de sa démarche, a noblement soutenu la réputation artistique de la ville qu'elle représentait.

V

POSE DE LA PREMIÈRE PIERRE
DE L'ÉGLISE DE N.-D. DE LA TREILLE.

Après ces processions solennelles et ces nombreux pèlerinages, Lille attendait encore des députations envoyées par les villes ses voisines, qui lui promettaient de magnifiques *ex-voto*. Lille, la cité de la Vierge, ne pouvait pas ne point les prévenir, elle ne pouvait pas s'exposer à s'entendre demander par ses sœurs, dont elle était autrefois la maîtresse et à la tête desquelles elle se glorifie encore de marcher : « Et vous, ne présentez-vous pas aussi un *ex-voto* à celle que vous appelez votre bien-aimée patronne ?.... » Douai reconstruit presqu'en entier une de ses églises ; Roubaix a érigé la sienne à Marie Immaculée, et restaure, sans épargner la dépense, son église St-Martin ; Tourcoing, après avoir construit déjà plusieurs sanctuaires, a élevé aussi sa N.-D. des Anges ; Cambrai soupire après le

moment où elle pourra relever sa métropole, dédiée à
N.-D. de Grace. Lille ne peut se laisser dépasser au
chemin de tout ce qui est religion, noblesse et grandeur : elle offrira, dans sa fête séculaire, un *ex-voto* à
la Reine du ciel. Cet *ex-voto* sera une pierre, premier
fondement d'une basilique qui s'appellera l'église de
N.-D. de la Treille.

La cérémonie de la pose de cette première pierre eut
lieu le samedi 1er juillet, après la messe pontificale.
Tous les membres du clergé de la ville, escortés par un
détachement de la troupe de ligne, se rendent processionnellement vers le terrain dit le *Cirque*, acheté,
comme nous l'avons dit, pour servir d'emplacement à
la basilique. Mgr l'archevêque de Cambrai préside la
cérémonie, assisté des évêques de Gand, de Nevers, de
Fréjus et de St-Denis. Les prélats, en habits pontificaux,
sont suivis de MM. les préfet et sous-préfet, le maire
et ses adjoints en costume officiel, le colonel commandant la place, le colonel du 6e léger et le lieutenant-colonel du 8e hussards. Dans les rangs de la procession,
la pierre, sculptée en forme de *feretrum* aux dessins
romans, est portée sur un brancard par quatre ouvriers maçons; et, autour d'elle, de jeunes personnes
tiennent quatre bannières de drap d'argent, confectionnées pour paraître en tête de la procession du lendemain. La musique du 6e léger, par ses brillants accords,
donne de l'éclat à cette cérémonie improvisée, et le
chœur entonne les versets du psaume cxxv, que chantaient les enfants d'Israël, lorsqu'au retour de Babylone

ils se disposaient à relever les murailles du temple :

Que notre consolation fut grande, quand le Seigneur fit cesser la captivité de Sion, et qu'il ramena à Jérusalem ceux qui avaient gémi dans l'oppression!

Notre bouche ne connaissait plus que cantiques de joie et notre langue que cris d'allégresse.

Nous répétions dans nos chants : Les nations étrangères nous béniront, et elles diront : Le Seigneur a fait de grandes choses en leur faveur.

Oui, le Seigneur a fait pour nous de grandes choses, et c'est pourquoi nous tressaillons d'allégresse.

O Seigneur, achevez votre ouvrage : nous avons encore des frères dans la captivité ; faites tomber leurs chaînes, ramenez-les, et qu'ils reviennent comme un torrent grossi par les eaux qu'a rassemblées le vent du midi.

Alors on verra l'accomplissement de cette parole : Ceux qui sèment dans les larmes moissonneront dans la joie.

Car, lorsqu'ils s'éloignèrent de Jérusalem, ils étaient dans l'affliction ; leurs larmes étaient la semence de leur réconciliation avec vous.

Mais en revenant de Babylone, ils marcheront dans des transports de joie ; ils ressembleront aux moissonneurs qui portent dans leurs bras de nombreuses gerbes de blé.

La procession arriva sur le terrain du Cirque [1], que,

---

[1] Le terrain du Cirque est, dit-on, celui où furent érigées les premières maisons qui donnèrent naissance à la ville de Lille, et même le nom qu'elle porte.

malgré la pluie, la foule avait envahi depuis près d'une heure ; elle passa devant l'hôtel de la douane, qui y est contigu, et où les douaniers, en grande tenue, lui rendirent les honneurs militaires. Les prélats et les autorités se placèrent sur une estrade couverte, préparée pour les recevoir ; et au milieu d'un silence que commandait cette imposante solennité, M. le préfet prononça le discours suivant :

« Messeigneurs et Messieurs,

» Sous un gouvernement dont les fermes appuis sont dans les masses profondes de la population, parce qu'il a rendu son prestige et sa force à l'autorité, restitué à chacun les garanties qu'il avait perdues, honoré le pays en le réconciliant ; chaque citoyen, attaché par les liens de la reconnaissance, non moins que par ceux de la fidélité à l'Empereur d'où émanent de si grands bienfaits, exerce ses droits dans toute leur plénitude.

» Confiants dans un pouvoir fort et glorieux, nos valeureuses armées vont au loin soutenir l'honneur national et combattre pour les vrais intérêts de la chrétienté ;

» La justice, indépendante et consciencieuse, rend ses solennels arrêts ;

» L'administration veille avec une sollicitude journalière sur les besoins de tous et concourt au développement de la richesse publique ;

» Le clergé, respectable et vénéré, se meut avec une entière liberté dans ce champ si vaste qui n'a d'autres limites que les lois du pays.

Situé au centre de la cité, c'est encore aujourd'hui une presqu'île formée par un bras de la Deûle. Avant la révolution il était occupé par le couvent des Dominicains.

» Les desseins généreux de l'Empereur, inspirés par la Providence, ont été vite compris par la nation. Les passions se sont apaisées, la conciliation s'est faite dans les esprits et dans les cœurs, le travail s'est ranimé, on ne s'inquiète plus de l'avenir. Chacun se repose dans la quiétude qui naît d'une situation si consolante. Les instincts généreux de ce peuple qu'on a tenté si longtemps d'éloigner de ses devoirs, mais qui a la conscience de ses intérêts et de ses destinées, ont merveilleusement ratifié les grandes mesures du Chef de l'Etat; aussi le peuple n'a-t-il qu'une voix pour le remercier de l'avoir réhabilité aux yeux du monde et d'avoir ravivé, de nos jours, un sentiment essentiellement lié à nos mœurs, le sentiment religieux.

» L'histoire des nations est tout entière dans leurs monuments : les nations disparaissent et les monuments subsistent pour révéler aux âges futurs la pensée de leur création. En admirant ces anciennes basiliques qui élèvent leurs dômes majestueux vers le ciel, comme pour attester la piété de nos ancêtres, qui de nous n'est saisi de respect pour leur zèle et leur dévotion ?

» Dans notre France, sol antique des croyances chrétiennes et catholiques, déjà si riche en monuments consacrés au culte, s'élèvent de tous côtés des temples pieux où l'humanité va puiser cette principale force de l'homme et des peuples : la foi.

» Lille, qui a vu disparaître par les malheurs des temps la plupart de ses édifices religieux, ne pouvait rester en arrière dans ce magnifique mouvement de réédification des choses sacrées : elle n'a pas voulu qu'il en fût ainsi, et nous l'en félicitons du plus profond de notre cœur.

» Nous consacrons aujourd'hui la première pierre d'une splendide église, sous l'invocation de Notre-Dame de la Treille, la bien-aimée patronne de la ville de Lille.

» Sur ce lieu même, berceau de la vieille cité de vos pères, s'élèvera bientôt un monument remarquable par son architecture, remarquable par le sentiment qui préside à son érection. Grâce à la noble émulation qui s'est emparée de notre population si intelligente et si catholique, une souscription spontanée s'est ouverte pour couvrir les premières dépenses de cette insigne église.

» C'est le propre de votre diocèse, Monseigneur, vous le savez : il se passionne pour le bien, pour le beau ; on sait y employer généreusement la fortune conquise par le travail probe et laborieux ; nulle contrée n'est plus disposée à concourir à tout ce qui est véritablement utile, grand et moral.

» Nous assistons, Messeigneurs et Messieurs, à un spectacle dont la majesté nous remplit de joie ; au milieu des cérémonies imposantes d'un Jubilé séculaire, en présence de tant d'illustres prélats, princes de l'Eglise par leur savoir et surtout par leurs vertus, en présence de notre vénérable archevêque qui fait de sa mission sur la terre un véritable apostolat, la religion a jeté, dans ce terrain consacré, une semence qui grandira et portera, personne n'en doute, des fruits dignes d'être légués aux générations à venir.

» Que les populations se réjouissent donc d'être conviées à de si augustes fêtes, qu'elles aient foi et confiance : Dieu et l'Empereur veillent sur nous.

» Les temps meilleurs sont arrivés, et, selon les éloquentes paroles de Bossuet, nous pouvons dire : « *L'autel se redresse,* » *le temple se rebâtit, les murailles de Jérusalem sont relevées.*»

Après ce discours, Monseigneur l'Archevêque procéda à la cérémonie, selon les prescriptions du pontifical romain. Les chantres entonnèrent les psaumes que composait David lorsqu'éloigné de Sion il soupirait après le bonheur de revoir le tabernacle de Dieu. Les saints de la cour céleste furent appelés à protéger ce sol, que bénit l'officiant, ainsi que la pierre qu'il y déposa pendant le chant du *Veni Creator;* puis le P. Lavigne prit à son tour la parole devant l'assemblée toujours silencieuse et recueillie, malgré la pluie qui ne cessait de tomber. Voici les principaux passages de son allocution.

« Messeigneurs, Messieurs,

» L'inclémence du temps ne sera pas capable d'arrêter l'émotion et les transports qui s'emparent de nos cœurs à la vue de ce grand spectacle que vous présentez à la terre et au ciel ; spectacle digne des âges passés, dont vous rappelez les magnificences et les splendeurs, spectacle digne des siècles à venir.

» Pourquoi ce peuple immense? pourquoi ces pontifes, ces autorités, ces sommités de l'armée, de la magistrature qui les représentent ici en ce moment? C'est qu'une grande pensée a saisi toutes les âmes. La Vierge pour laquelle la ville entière s'est ici donné rendez-vous, avait dans cette cité un temple digne d'elle. Les orages révolutionnaires passèrent, et le temple renversé ne présenta plus que des ruines. Mais la statue bénie, l'Image vénérée avait été sauvée. Tout un peuple redemandait à grands cris un temple pour sa protectrice, pour sa Madone. Comme le royal Prophète, il s'écriait : Je ne donnerai pas le sommeil à mes yeux, ni le repos à ma tête fatiguée jusqu'à ce que j'aie retrouvé le tabernacle saint : *Si dedero somnum oculis meis... et requiem temporibus meis, donec inveniam... tabernaculum Deo Jacob*. Et soudain, avant-hier, une grande voix dit : Voici que nous l'avons trouvé, nous avons rencontré le temple de notre Mère : *Ecce audivimus eam... invenimus eam in campis silvæ*. Aussitôt l'allégresse s'empare de la cité. Levez-vous, Seigneur, dans votre repos : *Surge, Domine, in requiem tuam*. Que dans ce champ où se presse ce peuple, s'élève un temple pour vous, Seigneur ! pour vous et pour l'arche de votre sanctification, pour Marie : *Tu et arca sanctificationis tuæ*.

» Ce n'est pas à vous seuls, Messieurs, que je m'adresse ; je parle à toutes les générations à venir. Cette église que vous allez élever, c'est une dette que vous payez à l'église de Saint-Pierre. Savez-vous que vous êtes nés de cette église. Autour de ce chapitre de cinquante chanoines, les demeures autrefois s'étaient multipliées davantage, là s'était faite la ville... Une église est une médaille pour les générations futures. A vos enfants vous donnez une médaille, une image de N.-D. de la Treille, un souvenir qui passe. Vous traitez la génération à venir d'une manière plus grandiose, vous lui donnez une médaille digne d'un peuple, un temple, une église magnifique qui s'élevera pour l'année séculaire de 1954.

» Ainsi la foi est harmoniée avec l'industrie, avec les arts... Notre esprit est fait pour de grandes choses, comme dit saint Thomas. Je comprends comment vous avez des ateliers si admirables ; mais vous n'aviez pas de temple sacré qui fût en harmonie avec eux.... Il vous fallait une église où vinssent ceux qui aiment les grandes choses.

» ...... Qu'est-ce qu'une église ? C'est un symbole, une harmonie parfaite avec vous-même. La pierre fondamentale est le lien de toutes les pierres de l'édifice, c'est le symbole de votre union, de votre unité en Jésus-Christ. Toutes les pierres du temple ne forment qu'un tout, de même qu'ici je vous vois rassemblés ne formant qu'un tout, à droite et à gauche, la vie du temps et la vie de l'éternité. A droite et à gauche, je vois ceux qui sont chargés de la mission divine de Dieu.

» A droite, le vicaire de Dieu, *Dei vicarius*, c'est le Pontife représentant la puissance de Pierre. A gauche, c'est l'Empereur, *fidei defensor*, le défenseur de la foi, représenté par l'un de ses préfets. C'est le pouvoir protecteur qui a compris l'Eglise et Dieu, entre les mains de qui Dieu a mis le glaive pour défendre, soutenir et protéger.

» ...... Laissez-moi maintenant évoquer le passé des âges catholiques qu'a traversés votre ville. Quelles pensées me remplissent en ce moment !... Savez-vous bien que la terre que vous foulez est sainte? qu'elle était sainte avant que vous ne vissiez le pontife y répandre tout-à-l'heure ses bénédictions? Ecoutez. Il y a quelques siècles, des religieux dévoués à Marie furent appelés par l'un des prédécesseurs d'un des vénérables prélats que nous voyons au milieu de nous, par l'évêque de Gand. Ils passèrent par Lille, et là, les citoyens de votre ville s'écrièrent : Enfants de St-Dominique, ne nous quittez pas, restez avec nous, nous vous élèverons une demeure. — Et sur la terre que vous foulez s'éleva le couvent de St-Dominique.

» Ainsi le Ciel avait fait que les chanoines de Saint-Pierre appelassent à Lille les dominicains pour évangéliser le peuple ; n'est-ce pas encore une vue du Ciel qui a fait appeler, pour vous adresser la sainte parole dans ces solennités séculaires, un enfant de St-Dominique, dont la voix éloquente ravit la ville tout entière? Ah! dans cette circonstance, moi, enfant de St-Ignace, je suis heureux de saluer mon frère de St-Dominique, je suis heureux de lui donner la main. Gardez, Messieurs, ce souvenir; si les hommes des âges passés pouvaient se lever de leurs tombeaux, ils se réjouiraient de notre allégresse.

Tout-à-l'heure, le vénérable pontife disait dans sa prière : Seigneur, accordez à tous ceux qui prendront soin de cette église, le salut du corps et de l'âme. Unissons nos vœux aux vœux du pontife : que tous soient bénis pour le temps et pour l'éternité, depuis les sommités du pouvoir jusqu'au dernier enfant de la cité.

» N'oublions pas non plus ces braves soldats d'une armée qui soutient si bien en ce moment, dans les contrées lointaines, l'honneur de la France; dont on admire le courage dans les combats, la magnanimité dans la victoire. Nous les remercions d'avoir embelli de leur présence cette cérémonie. »

Ce discours, prononcé avec âme, quoique légèrement interrompu de temps en temps par la pluie qui redoublait, fut écouté avec la plus religieuse attention. En

CHAPITRE V.   93

recevant la bénédiction du prélat officiant, tous les cœurs étaient émus. Le procès-verbal de la cérémonie [1], signé par NN. SS. les archevêque et évêques assistants, par les autorités administrative, civile et militaire, les membres de la commission de l'église à construire, les RR PP. Souaillard et Lavigne, fut déposé dans une boîte de plomb renfermant diverses pièces de monnaie

---

[1] Voici le Procès-verbal de la pose de la première pierre de l'église de N.-D. de la Treille.

Anno reparatæ salutis 1854, mensis julii die primâ.
In vigiliâ solemnitatis Jubilæi sæcularis in honorem Beatæ Mariæ Virginis Cancellatæ concessi,
Romæ
Regnante Pio Papâ IX,
Francorum
Imperatore L. Napoleone III,
Imperatrice Eugeniâ,
Septentrionalis districtûs
Præfecto D. Joanne Besson,
Civitatis majore D. Augusto Richebé,
Illustrissimus ac Reverendissimus Renatus-Franciscus Regnier Cameracensis Archiepiscopus,
Assistentibus Ills. ac RR. Episcopis
Ludov. Pallu du Parc, Blesensi.
P. Lud. Parisis, Atrebat. — Delebecque, Gandav. — Dominic. Aug. Dufêtre, Nivern. — P. Arm. Ign. Cardon de Garsignies, Suessession. et Leodun. — J.-B. Malou, Brug. — Th. de Montpellier de Verdrin, Leodiens. — Wicart, For. Juliens. et Tolon. — Flor. Desprez, S. Dyonisii.
Rem autem promoventibus electis civibus :
Kolb-Bernard, præsid. — Cte de Caulaincourt, à secret. — Tailliar, à secret. — H. Bernard. — Pajot. — Ollivier Charvet. — L. Defontaine. — Fel. Dehau. — De la Chaussée. — Agache. — Cte de Germiny. — Cte de Melun. — Mourcou-Moillet. — Charvet-Barrois.
In ipsâ insulâ undè originem et nomen duxit civitas,
Primarium lapidem hujus templi in monumentum Jubilæi et in honorem Beatæ Virginis Mariæ Cancellatæ dictæ,
Nec non, vice antiquæ collegialis ecclesiæ, olim eversæ, in laudem Beati Petri Apostolorum principis erigendi,
Tota plaudente civitate ac opibus juvante
Benedixit ac posuit.

à l'effigie de l'empereur Napoléon III, ainsi qu'une médaille commémorative du Jubilé ; et cette boîte fut scellée dans la pierre qui attend le monument.

La procession, à laquelle étaient venus se joindre NN. SS. les évêques de Bruges et de Liège, retourna à l'église, aux chants du chœur, qui redisait les accents de David conviant toutes les créatures à s'unir à lui, pour louer Dieu des merveilles qu'il avait faites en faveur de son peuple. Les accords de la musique militaire semblaient répondre à ces paroles prophétiques : *Chantez des cantiques au Seigneur, au son des trompettes d'airain que le marteau a façonnées pour les rendre plus éclatantes.*

V I

SÉANCE DE LA SOCIÉTÉ DE S. VINCENT DE PAUL

Une heure s'était à peine écoulée depuis la cérémonie que nous venons de décrire, et une multitude d'hommes, la plupart étrangers à la cité, se dirigeaient rue Sainte-Catherine, vers le local où l'*Association lilloise* tient ses séances. On venait de s'occuper d'un temple qui se composerait de pierres matérielles, on allait s'occuper des pierres spirituelles qui sont appelées à entrer dans la structure du temple de l'éternité. Avec l'amour de Dieu, l'amour du prochain, l'amour des pauvres, ces deux ruisseaux devaient montrer qu'ils coulent d'une même source, et qu'ils confondent leurs eaux, pour prendre le nom de charité et rendre féconds les terrains qu'ils arrosent. Déjà la charité lilloise, toujours si grande et si généreuse, en cherchant les moyens de donner de l'éclat à la solennité jubilaire, avait cherché aussi ceux de donner, en ces mêmes circonstances, quelques secours aux pauvres; elle n'avait pas voulu qu'en contemplant les pompes qui se seraient déroulées à leurs regards, ceux-ci pussent se plaindre et dire : Nous avons faim ! Une somme de quinze mille francs, recueillie par des mains pieuses, était distribuée dans ce jour aux indigents en bons de pain et de viande ; mais les amis dévoués de la charité savent qu'une aumône passagère ne suffit pas, et ils s'assemblaient pour s'exciter mutuellement à un amour plus ardent envers les malheureux, et s'enhardir à leur procurer, avec le pain quotidien, la nourriture *qui vient du Verbe de Dieu*, et qui n'est pas moins essentiel à la vie que le pain dont se nourrit le corps.

La société de Saint-Vincent de Paul de Lille avait donc convoqué à une séance extraordinaire toutes les sociétés du diocèse et même quelques-unes des diocèses étrangers. Près de huit cents membres étaient accourus à ce charitable rendez-vous, qui se tenait sous les auspices de N.-D. de la Treille et auquel devaient assister les prélats attendus pour la solennité du lendemain.

Dans le fond de la vaste salle rayonnait d'or une magnifique châsse, renfermant des reliques de St-Vincent de Paul, accordées aux sociétés de la circonscription du conseil de l'œuvre, par le R. P. Etienne, supérieur-général des Lazaristes. Devant cette châsse prirent place Mgr l'archevêque de Cambrai, NN. SS. les évêques d'Arras, de Gand, de Nevers, de Fréjus, de Bruges, de Soissons, de St-Denis, de Blois et de Liège.

On remarquait dans l'assemblée un grand nombre d'ecclésiastiques, M. Baudon, président-général de la société, MM. Cochin, Armand de Melun et Anatole de Ségur, membres du conseil-général de l'œuvre, et des membres des conférences des villes de Bruxelles, Gand, Tournai, St-Quentin, Amiens, Arras, etc.

A deux heures, la séance s'ouvrit, et M. Kolb-Bernard, président du conseil central, prit la parole en ces termes :

« Messeigneurs. Messieurs,

» Dieu, dont la miséricorde agit dans une mesure toujours pleine et surabondante, ne se borne pas à verser sur chacun des instants de notre vie les graces incessantes par lesquelles il nous soutient, nous éclaire, nous console et nous attire à lui. Mais il daigne encore nous manifester d'une manière spéciale sa bonté infinie, en nous envoyant des jours qu'il a marqués dans le trésor de sa tendresse pour l'homme ; des jours particulièrement grands et propices, qui sont comme des jalons destinés à nous conduire des misères du temps aux splendeurs et aux félicités célestes. Il a attaché à ces jours une part plus large de ses bénédictions ; et heureux les peuples, heureuses les cités, les associations, les familles auxquelles la Religion apporte ces jours solennels ; où, dans les fêtes qu'elle inspire, qu'elle anime de son esprit, qu'elle consacre de sa sainteté, les cœurs apprennent à mieux comprendre le détachement des choses d'ici-bas, en se dilatant dans les pensées de la foi et en s'élevant aux régions supérieures où réside ce qui est vrai et ce qui doit être aimé.

» Le jour où nous sommes, Messieurs, est un de ces jours que le Seigneur a faits. Ce sera pour l'ensemble des nombreuses Conférences de Saint-Vincent de Paul, qui font partie de la circonscription du Conseil central de Lille et qui se trouvent réunies ici comme une seule famille, ce sera un souvenir mémorable et précieux entre les souvenirs nombreux et si chers dont notre petite société est redevable à la condescendance maternelle de l'Eglise. Et s'il nous est difficile de comprendre ce qui peut nous valoir ce degré d'honneur et de bonheur qui nous est fait aujourd'hui; si nos esprits ont à s'étonner en mesurant le peu que nous sommes et le peu que nous faisons avec cette faveur imméritée, par laquelle nous voyons des chefs éminents et vénérés de la catholicité, d'illustres représentants de l'épiscopat de pays divers, venir présider cette réunion et écouter l'exposé de nos faibles travaux; si cette grande disproportion entre la valeur qui nous est ainsi donnée et la valeur qui nous appartient doit être pour nous, non pas une distinction dont nous ayons à nous enorgueillir, mais bien plutôt un juste sujet de confusion dont notre humilité doit faire son profit; cependant, Messieurs, nous n'en avons pas moins des cœurs chrétiens pour sentir le prix d'une si haute et si touchante sollicitude, et pour éprouver tout d'abord le besoin de venir déposer aux pieds de ces prélats vénérés, dont la majesté nous accable, mais dont la bonté nous pénètre, l'hommage de la reconnaissance dont ces cœurs débordent.

» Et ce n'est pas tout, Messieurs, Dieu a fait encore plus pour nous. Il a permis que notre saint Patron lui-même eût, pour ainsi dire, sa place au milieu de ces illustres représentants de l'Eglise : non pas sa place telle que nos sentiments et nos prières la font partout où nos Conférences se trouvent assemblées, mais sa place visible, telle que la marquent et la signalent à notre vénération, à notre respect et à notre amour ces restes précieux, ces saintes reliques que nous avons eu la pieuse ambition et l'insigne faveur d'obtenir au nom et surtout au profit spirituel de toutes les Conférences qui appartiennent à la circonscription du Conseil central de Lille.

» Et après ces grandes illustrations et ces bénédictions particulières données à cette réunion, ne pouvons-nous pas encore laisser s'échapper un des sentiments de nos cœurs, et constater, comme un des précieux privilèges de cette journée, le bonheur de voir le Conseil général de notre chère Société représenté au milieu de nous par notre digne et bien-aimé Président général, ainsi que par quelques-uns de ses notables membres. Qu'ils reçoivent l'hommage de reconnaissance et d'affection que nous éprouvons le besoin de leur adresser : hommage que nous aimons à placer sous le patronage auguste de ces illustres et vénérables représentants de l'Eglise, qui l'ont ratifié à l'avance, qui, nous osons le dire, lui donnent toute sa valeur en y ajoutant le sentiment de leur reconnaissance personnelle; eux qui depuis longtemps et en tant de circonstances ont consacré de leur haute approbation la direction si sage, si prudente, si dévouée, si catholique, à la faveur de laquelle la Société de Saint-Vincent de Paul a pris ses heureux développements.

» Oui, Messieurs, ce jour est le jour des graces signalées, des grandes bénédictions, des plus hautes espérances; mais il doit être aussi le jour des bonnes pensées, des fortes et généreuses résolutions. Il doit appeler nos profondes et sérieuses réflexions sur ce que nous avons à faire pour nous montrer dignes de tant de prévenances du Ciel; pour mériter de porter à notre tête, comme des soldats qui suivent leur chef, ces restes sacrés de notre saint Patron. Et c'est ainsi que nous le ferons dans cette religieuse et magnifique solennité qui viendra réjouir demain le cœur catholique de la cité lilloise; solennité qui, en renouant pour elle la chaîne des temps, ravivera ses gloires séculaires, les grandeurs de son passé, la douce et fière majesté de ses souvenirs, et viendra surtout proclamer, avec son impérissable fidélité à la foi de ses pères, son durable et reconnaissant amour pour la divine Protectrice, au crédit et à l'intercession de laquelle elle a dû dans les temps écoulés, et elle devra dans les temps à venir, tant de bienfaits publics et particuliers, tant de secours, tant de délivrances, tant de prospérité et de paix. Oui, cité de Lille, vous continuerez à être la cité bénie, puisque vous voulez rester la cité de la Vierge. Graces vous soient rendues, ô cité qui êtes la nôtre, qui êtes chère à nos cœurs, qui êtes à tant de titres un objet d'orgueil pour la patrie, et qui, placée au seuil de cette noble terre de France à laquelle vous étiez si digne d'appartenir, y apparaissez comme le symbole de sa force guerrière, de son génie industriel, de sa puissance et de son honneur. Graces vous soient rendues d'avoir si noblement maintenu ses antiques traditions qui sont aussi les vôtres; d'avoir si bien compris que cet honneur de la France, c'est dans l'énergie et l'élévation de ses sentiments chrétiens qu'elle l'a particulièrement puisé! Graces vous soient rendues de n'avoir pas voulu laisser se détacher ou s'obscurcir cette perle enchâssée par la piété de nos ancêtres dans la couronne murale qui orne votre front et qui frappe la première les yeux de l'étranger. Ce dépôt de la fidélité religieuse que nos pères nous ont remis avec leur amour pour la France, vous l'avez conservé et vous le conserverez intact et entier; et si la prodigieuse activité de vos ateliers et de votre commerce témoigne que vos enfants n'ont rien oublié des habitudes de travail probe et persévérant qui leur ont été léguées, un autre mérite leur sera acquis : celui de ne rien laisser dépérir de ce patrimoine religieux que leur ont laissé les Baudouin, les Jeanne de Constantinople, les Marguerite de Flandre, les Philippe-le-Bon, les Levasseur, les chefs et les membres du Magistrat, tous ces citoyens éminents qui, à toutes les époques, ont toujours confondu dans un même attachement leur cité et leur foi. Et vous continuerez à prouver par les œuvres chrétiennes, par les établissements charitables, par les institutions pieuses de tout genre, que de généreuses et inépuisables largesses alimentent et multiplient chaque jour dans votre sein en faveur de la pauvreté, de la souffrance et du malheur; oui, vous prouverez, notamment par la construction de l'église qui viendra remplacer l'insigne Collégiale de Saint-Pierre, d'antique et illustre mémoire, que c'est toujours le sang catholique qui coule dans les veines de la population lilloise.

» Et nous, Messieurs, membres de la Société de Saint-Vincent de Paul, c'est à nous surtout de suivre de si beaux exemples et de nous animer de ces nobles et religieuses inspirations. C'est à nous de justifier ainsi, de plus en plus, cette haute et honorable adoption dont nous sommes devenus l'objet de la part de l'Eglise : de répondre dignement à tant d'encouragements et de graces qu'elle nous prodigue, parce qu'elle a voulu voir dans notre œuvre quelque chose de ce travail secret et providentiel qui, à travers tant d'évènements divers, pousse la société, fatiguée de ses erreurs, accablée de ses souffrances, vers le remède suprême et infaillible de la soumission à la vérité catholique. Remède nécessaire aux intelligences, nécessaire aux cœurs qui, les uns et les autres, se sont si tristement égarés en répondant à ce cri antique et funeste : *non serviam*. Vous le savez : le siècle actuel s'est rappelé le siècle de l'affranchissement. Cette grande et sublime doctrine de la vérité et de l'amour qui enseigne à servir, on l'a répudiée. Et parce qu'il en a été ainsi, parce que l'on a voulu enlever le caractère de la dépendance partout où Dieu l'avait établi et rendu nécessaire ; parce que l'homme, en un mot, n'a plus voulu servir, il est arrivé que de ce qui lui avait été donné pour son bonheur et pour son bien, plus rien n'a servi : que tout s'est ébranlé des solides fondements sur lesquels reposait la société : que tout s'est dépravé de ce qui faisait son honneur et sa gloire : que tout a été compromis de ce qui faisait son repos, sa sécurité, sa paix. On a voulu affranchir la Foi ; et l'on sait dans quelles ténèbres les âmes sont tombées, et à quelles honteuses et désespérantes négations a abouti la raison humaine, décidée à ne plus relever que d'elle-même. Ce principe de l'affranchissement, on a prétendu le faire pénétrer dans toutes les institutions sociales, et de là cette déplorable instabilité qui a fait dire de notre époque qu'elle n'était féconde qu'en avortements. On a voulu affranchir les classes les unes à l'égard des autres ; et on a pu mesurer les effets de cette force dissolvante qui a relâché tous les liens d'un utile patronage, qui a si profondément atteint la loi salutaire du service réciproque et qui a fait passer la société de son antique cohésion à la poussière de l'individualisme. On a proclamé l'affranchissement du peuple; et l'on sait quelles tempêtes sont sorties de ces vents que l'on avait si imprudemment semés. On a voulu affranchir les arts et la littérature; et l'on a vu à quel degré de décadence, à quel froid et honteux matérialisme, à quels caprices bizarres et désordonnés sont descendues ces grandes forces de la pensée et du sentiment, destinées à être les nobles et purs interprètes de la beauté idéale, spirituelle, divine. On a prétendu affranchir le travail et l'ouvrier; et le travail, dépourvu de règle, livré à toutes les fureurs de la concurrence a perdu son caractère de protection en faveur de l'ouvrier; et peu s'en est fallu que celui-ci ne fût abandonné, comme un appoint, à la dépendance aveugle et écrasante de la force motrice. On a affranchi la richesse de son lien sacré avec la pauvreté; et la richesse a chancelé sur sa base, privée du support que lui avait fait la suprême sagesse. La pauvreté, elle aussi, on a voulu l'affranchir jusqu'à la supprimer; et on a fait ce mal nouveau qui s'appelle le *paupérisme*, c'est-à-dire la pauvreté étendue, irrémédiable; la pauvreté sans sa dignité originelle, sans son caractère divin, sans le bonheur que lui faisait sa dépendance divine. On a voulu en un mot affranchir l'humanité entière de sa noble et douce servitude à l'égard de Dieu et de son Église; et on a pu reconnaître ce qui a été introduit dans les rapports humains de défiance, d'hostilité, de dureté, d'égoïsme. On a pu voir à quel degré le principe d'amour s'était retiré, affaissé, éteint; et dans quelle nuit froide et ténébreuse toutes les nobles inspirations se seraient endormies, si la grande lumière de la religion catholique n'avait surgi au-dessus des efforts insensés et coupables par lesquels on avait cherché à l'éteindre : et si de ce foyer divin n'avait rayonné, avec une force toujours croissante, le dévouement, c'est-à-dire cette grande force de la foi et de la charité qui soumet l'esprit, qui subjugue le cœur et qui enseigne à servir.

» C'est cette science, Messieurs, à laquelle l'orgueil a jeté tant de mépris et que l'humanité a si grand besoin de retrouver ; c'est cette science que nous avons de plus en plus à apprendre et à propager. Et c'est parce que nous avons voulu nous initier à ses précieux enseignements et que dans ce désir nous nous sommes placés sous la bannière et sous la protection de l'illustre saint qui est notre patron, et dont nous cherchons à suivre de loin les héroïques exemples ; c'est à ce titre que la religion daigne accueillir nos bonnes volontés et nos faibles efforts. Elle est belle cette devise d'un homme dévoué qui a pu inscrire dans ses armoiries ces deux mots : *Je sers*. Cette devise, elle doit être aussi celle du chrétien. C'est au chrétien à réhabiliter cette haute et noble doctrine de la servitude volontaire qui peut seule guérir les maux que les doctrines d'indépendance ont portés dans leur sein. C'est au chrétien à prouver ce qu'il y a, pour la société comme pour les individus, de grandeur, de dignité, de force, de bonheur, et ajoutons-le, de véritable liberté dans cette puissance de la soumission qui laisse tout entières, dans la plénitude de leurs bienfaits, la paternité de Dieu et la maternité de l'Eglise. C'est au chrétien à s'associer autant qu'il le peut à cette sublime folie de l'abaissement qui est sortie de la sagesse et de l'amour infinis, et qui, inaugurée dans la crèche de Bethléem, a été consommée au haut du Golgotha.

» C'est donc comme serviteurs de Dieu, comme serviteurs de l'Eglise et comme serviteurs des pauvres que nous sommes ici réunis, et c'est à ce titre que nous invoquons les bénédictions qui nous sont promises si abondantes en ce jour.

» Illustres et vénérables Prélats, pardonnez-nous de ne vous avoir rien fait connaître jusqu'ici de ces œuvres modestes auxquelles se consacrent nos conférences et sur lesquelles, si petites qu'elles soient, vous aimez à arrêter vos regards et votre paternelle sollicitude. Une voix, plus digne que la nôtre d'être écoutée, vous en exposera tout-à-l'heure le tableau détaillé. Mais nous étions pressés de venir protester à vos pieds des sentiments dont nos cœurs sont remplis, en face de cette auguste manifestation de la protection de l'Eglise, telle qu'elle se révèle à nous dans cette mémorable solennité. Nous étions pressés de nous montrer comme ses enfants soumis et dévoués, et de vous dire quelque chose de notre désir de correspondre à de si grandes bontés, par la fermeté et la vérité de l'esprit catholique que nous demandons pour notre société et pour notre œuvre. Ces œuvres, si imparfaites et si peu dignes de venir à la suite des admirables dévouements et des miracles de charité que l'Eglise accomplit par ses pontifes, par ses prêtres, par ses religieux, par ses missionnaires, nous les déposerons cependant à vos pieds, à cause des intentions qui les ont inspirées. Car nous avons voulu apporter, comme laïques, notre petite pierre à l'œuvre de la régénération catholique, telle que les besoins du monde l'appellent et que Dieu semble la préparer dans le trésor de sa miséricorde infinie. Nous avons voulu, autant qu'il nous était donné de le faire, contribuer à rétablir le lien qui doit unir la société civile à la société religieuse, et travailler dans la trop faible mesure de nos forces à cette grande pacification qui, par la soumission, naîtra de l'union des cœurs et de l'unité des esprits.

» Vous nous bénirez donc, vénérables et illustres Prélats ; vous bénirez nos désirs, nos intentions, nos efforts, notre faiblesse. Vous appellerez sur nous quelque chose de ce zèle des apôtres qui vit en vous, qui retrace à notre admiration ces grands combats par lesquels le monde a été conquis au christianisme : combats qui, s'ils ont trouvé une trêve dans notre France, où de meilleurs jours nous ont été donnés et où, espérons-le, la liberté du bien a recouvré ses droits, se poursuivent encore d'une manière en même temps si déplorable et si consolante sur tant de points de la chrétienté. Vous nous bénirez avec effusion, avec abondance et surabondance, afin que nous soyons de plus en plus dignes de servir sous le commandement de Dieu notre père et de l'Eglise notre mère.

» Et vous nous bénirez aussi, illustre et saint Patron, dont les reliques ici présentes nous parlent un langage si haut, si touchant, si éloquent. Vous nous bénirez, afin que de ce feu de la charité qui a consumé votre vie quelqu'étincelle vienne animer et embraser nos âmes.

» Et vous, Vierge sainte, dont nous aimons d'une manière spéciale à nous proclamer les serviteurs, comment n'invoquerions-nous pas aussi vos bénédictions dans ces jours si particulièrement consacrés à l'amour et à la reconnaissance qui vous sont dus et où notre filiale confiance a tant de motifs de s'adresser à vous. Vierge immaculée, nous vous aimons; nous aimons votre gloire ; nous demandons qu'elle s'accroisse et qu'elle brille d'un plus vif éclat, parce que l'agrandissement de votre gloire, c'est l'agrandissement de votre douce et bénigne puissance en faveur des hommes; c'est l'accroissement de vos bienfaits, de vos graces; c'est, pour ainsi dire, l'extension de votre maternité. O Mère de Dieu et des hommes, bénissez-nous ! »

M. le Président donne ensuite la parole au Membre chargé du rapport de l'année 1853.

« Messeigneurs, Messieurs,

» Si notre Société, pour être digne de son saint Patron, doit se montrer aussi humble que charitable, si, pour obéir à l'esprit et aux exemples de ses pieux fondateurs, elle doit éviter l'éclat et ne rechercher que les secrètes bénédictions du pauvre, Dieu lui permet quelquefois des solennités qui l'environnent d'une gloire bien supérieure à celle du monde. L'honneur que nous recevons aujourd'hui de la visite des augustes Prélats qui représentent les Eglises de France et de Belgique surpasse la splendeur de toutes les réunions profanes, et quelle est la cérémonie du siècle qui pourrait se glorifier d'un aussi noble concours ?

» Dans un court espace de temps, c'est la seconde fois qu'une telle faveur est accordée aux Conférences de notre diocèse. Déjà à Cambrai, lors de la fête de Notre-Dame de Grace, d'illustres Evêques ont daigné présider nos modestes séances; aujourd'hui la présence plus nombreuse de vénérables Pontifes réunis pour célébrer Notre-Dame de la Treille honore cette assemblée. C'est encore à la Vierge sans tache que nous devons ce bonheur; il semble qu'on ne peut fêter cette divine Mère sans y appeler ses plus chers enfants. Glorieux privilège que les bénédictions du Pontife suprême nous adoptant au nom de l'Eglise ont déjà attiré sur nous, et qui nous impose le devoir si doux d'une éternelle reconnaissance.

» C'est à l'ombre de ce puissant patronage que nous osons, Messeigneurs, prendre la parole devant vous et vous présenter un compte-rendu qui sera loin de justifier l'honneur que vous nous accordez, mais qui manifestera combien nous avons besoin de vos encouragements, de vos bénédictions et de vos prières.

» Chargé, au nom du Conseil central, du rapport annuel sur les Conférences de sa circonscription, nous ne les passerons pas en revue; leur nombre toujours croissant rendrait, grace à Dieu, cette tâche impossible. Nous nous contenterons d'un aperçu général de l'état et des travaux de la Société au sein de nos provinces et des œuvres dont elle est le centre ou le berceau.

» Notre circonscription, qui l'année dernière comprenait déjà ce vaste diocèse, s'est augmentée des arrondissements de Calais et de Saint-Omer. Sur leur demande, ils ont été annexés par le Conseil général à la juridiction du Conseil séant à Lille. Cette juridiction, que nous n'oserions appeler paternelle, mais que nous comparons volontiers à la vigilance de fils aînés au sein d'une famille nombreuse, était déjà un poids assez lourd à notre insuffisance. Nous ne pouvions cependant refuser le surcroît de travail et aussi de confiance qui nous était offert. Le Conseil central, déjà comblé des bontés de notre digne Archevêque, a été heureux de se trouver aussi placé par cette circonstance sous la houlette de l'illustre Pasteur qui dirige le diocèse d'Arras, et d'avoir désormais le droit de réclamer une part spéciale dans son cœur si plein de zèle et de charité.

» Les efforts tentés pour enrôler de nouveaux auxiliaires dans notre lutte pacifique contre les misères de tous genres ont été bénis par la Providence. Lors du dernier rapport général, le 30 mai 1853, le diocèse de Cambrai comptait vingt-trois Conférences ; quinze nouvelles se sont fait agréger à la grande famille : celle du collège et de la ville de Bailleul, de Fives, Saint-Amand, Hazebrouck, Condé, Estaires, Frelinghien, Rumegies, Marcq, Roncq, Doulieu, Petite-Synthe, Bondues et du collège de Tourcoing. Dans le Pas-de-Calais, les Conférences d'Aire, des établissements de Dohem et de Saint-Bertin à Saint-Omer ont été également formées.

» Vous remarquerez, Messeigneurs, que dans un progrès si consolant, la jeunesse des collèges a pris sa grande part. Déjà, l'année dernière, l'établissement de Marcq près Lille avait donné le premier l'exemple à ses jeunes camarades. Cette année, l'ardeur de son zèle, l'intelligence de sa charité ont pu servir de modèle aux plus anciennes Conférences. Sa généreuse initiative a provoqué la création d'une Conférence extérieure. Le même fait s'est reproduit à Bailleul. Qui ne serait frappé du retour de notre Œuvre vers la jeunesse qui fut comme son berceau ? C'est dans les écoles publiques, trop long-temps vouées à l'indifférence, pour ne pas dire à l'irréligion, qu'elle va retrouver ses plus fervents apôtres. Avec les sciences et les lettres nos enfants apprendront désormais la charité. Qui ne serait touché de cette nouvelle branche d'enseignement introduite dans nos écoles, et comment ne pas tout espérer d'un avenir ainsi préparé par les mains de la religion et de la vertu ? Tous ces collèges, Messeigneurs, sont inspirés ou dirigés par vous. Jouissez de votre ouvrage. L'antique société française avait été fondée par l'épiscopat ; les évêques régénèrent aujourd'hui la nouvelle ; l'œuvre n'est ni moins difficile ni moins nécessaire. Pour nous renfermer dans le cercle qui nous occupe, ces jeunes gens seront autant de missionnaires qui, répandus plus tard dans les cités, dans les bourgs, dans les villages même, y sèmeront l'esprit de Saint-Vincent de Paul ; et déjà nous avons vu, dans de petites localités, croître et se développer ce germe tombé d'une seule main dirigée par Dieu.

» Plusieurs autres Conférences se forment ou sollicitent leur agrégation. Le Conseil central, fidèle à l'esprit de règlement, provoque les bonnes volontés, et lorsque par un apprentissage qui ne se prolonge jamais, il reconnaît des symptômes de persévérance, il aperçoit une étincelle du feu sacré qui doit éclairer et échauffer le cœur des fils de Saint-Vincent de Paul, il s'empresse de les proposer au Conseil général, toujours heureux de les accueillir. On n'exige des Sociétés naissantes ni de nombreux associés ni des ressources étendues. Quelques hommes de foi et de charité sûrs du concours de leur pasteur suffisent. Cinq ou six familles visitées, l'édification de réunions pieuses, le nom seul de notre saint Patron mis en honneur sont déjà un grand bien qui peu à peu produit des fruits de salut. Quand on songe au prix que Dieu attache à une seule âme, comment ne pas chercher à encourager par toutes les voies une œuvre qui, exerçant une double action, sauve à la fois le protecteur et le protégé ? Une petite Conférence est souvent la plus agréable à Dieu ; elle a plus de peine et par conséquent plus de mérite. Sa petitesse favorise son humilité, et l'humilité donne tant de prix au moindre acte de vertu !

» C'est dans cet esprit que les Conférences rurales se groupent autour de Lille avec une merveilleuse rapidité. Les autres arrondissements commencent à suivre cette voie, où *Raismes*, près de Valenciennes, était déjà entré dès l'année précédente.

» Les réunions restreintes ne sont pas privées, malgré leur isolement, des consolations que présentent nos assemblées plus nombreuses. Dès leur début, elles éprouvent les doux effets de la fraternité chrétienne. Leur séance d'agrégation est un jour de fête pour la Société entière, et le Conseil central qui la représente se fait un devoir d'y assister. On invite les Conférences voisines; chacun s'empresse de venir féliciter les nouveaux venus, et de leur prouver que dans la vigne du Seigneur le bon ouvrier est bien reçu à toutes les heures du jour. Des assemblées partielles, tenues de temps en temps dans les localités importantes, relient les plus faibles branches aux branches principales, rattachées elles-mêmes au tronc de l'arbre par les grandes assemblées annuelles qui, coïncidant presque toujours avec quelque solennité religieuse, sans avoir l'éclat des séances de Lille et de Cambrai, seront cependant une occasion avidement saisie des manifestations les plus touchantes.

» Le Conseil central, en relation continuelle par son bureau séant à Lille avec toutes les Conférences de la circonscription et le Conseil de Paris, qui en ce jour nous donne une preuve si précieuse de ses sentiments pour nous, resserre encore les liens de notre sainte milice. Deux fois par an, il convoque tous les présidents des Conférences, et là, en échange des instructions, des avertissements fraternels, des témoignages de pieuse cordialité qu'il leur transmet de la part du Conseil suprême, il reçoit les communications ou plutôt les épanchements de tous les associés. Ces conversations familières, où chacun raconte en toute simplicité ses besoins, ses progrès et souvent ses misères, ont un charme qu'un cœur chrétien peut seul comprendre. Les visites que chacun des membres du Conseil central fait individuellement aux diverses Conférences, achèvent ce réseau de communications réciproques qui embrasse toute la Société et n'en fait qu'un cœur et qu'une âme.

» Mais ces réunions, ces correspondances, quelque multipliées qu'elles soient, ne sauraient se comparer avec les séances ordinaires, qui avec la visite des pauvres, constituent le véritable élément de toute Conférence. Si dans les autres assemblées règnent les bons procédés, la déférence, l'édification mutuelles, c'est là seulement que peut se produire ce que la confiance et l'affection religieuses ont de plus intime. C'est à nos séances que se puise la noble émulation du bien, cette concurrence dans l'amour de Dieu et des hommes qui, elle, n'engendre pas de jalousie; toujours heureuse d'approuver et d'admirer les autres, elle ne conteste que les vertus qu'elle possède elle-même.

» Leur utilité a tellement frappé le Conseil général, qu'il exige des nouvelles Conférences les réunions hebdomadaires. Ce salutaire usage est aujourd'hui très-répandu, et quoique le règlement n'en fasse pas une stricte obligation, il serait à désirer que les anciennes, qui se réunissent tous les quinze jours, finissent par l'adopter. *Wazemmes* a pris à cet égard une initiative digne d'éloges. Il s'agit malheureusement de combattre des habitudes difficiles, pour ne pas dire impossibles à vaincre, et nous avons le regret de constater que Lille, qui la première arbora dans nos contrées la bannière de Saint-Vincent de Paul, et a depuis contribué si efficacement à la propager, Lille, le siège du Conseil central, conserve encore dans ses trois Conférences l'usage qu'il faudrait abolir.

» Malgré les charmes de relations fréquentes qui, mettant en contact des hommes souvent d'âge et de conditions divers, font naître entre eux une union bien autrement solide que les liens fragiles du plaisir et de l'intérêt, une séparation peut devenir nécessaire; les progrès même du bien, l'accroissement de l'association, forcent à la dissoudre pour la reformer plus forte et plus active. Le trop grand nombre des membres enlève aux séances leurs avantages spirituels en absorbant tout le temps dans les détails matériels de la charité pratique. Deux de nos grandes villes, Lille et Tourcoing, ont subi cette nécessité, et dans chacune d'elles, un Conseil particulier composé des présidents des Conférences fractionnées et des diverses œuvres qui en émanent, continue entre tous les confrères des relations désormais indissolubles. Grace à de nouveaux progrès, ces deux villes seront encore forcées d'augmenter le nombre de leurs Conférences, et Roubaix et Valenciennes, qui comptent près de 80 membres actifs, devront bientôt opérer aussi leur partage et donner lieu à la création de Conseils particuliers.

» Cet accroissement a été très-sensible dans toute l'étendue de la circonscription. Si dans la comparaison avec l'année précédente, nous ne tenons pas compte des Conférences agrégées depuis plusieurs mois, et qui n'existaient pas ou étaient trop récentes pour présenter un tableau statistique au 1er janvier 1854, nous trouvons que le seul diocèse de Cambrai, qui, dans le rapport général du 30 mai 1853 offrait 992 membres, atteignait, le 1er janvier 1854, le chiffre de 765 membres actifs, 381 honoraires, 155 souscripteurs, total : 1,301 membres. C'est une augmentation de près d'un tiers en moins d'une année. La proportion parmi les membres actifs n'est pas aussi grande ; aussi le nombre des familles visitées ne présente pas tout-à-fait le même accroissement : nous avions adopté au 1er janvier 1,300 familles au lieu de 1,070. En moyenne, chacun de nous ne visite pas deux familles. Les Conférences dont les adoptions ont été les plus larges, sont celles de Lille, Haubourdin, Esquermes, Merville, Cambrai et Valenciennes. A Lille, 198 membres visitaient 456 familles ; Cambrai avec 26 membres en adoptait 80.

» Le Comité central désire vivement que le chiffre des familles, retenu par des circonstances particulières dans des limites trop restreintes, s'augmente de plus en plus. Il s'appuie dans cette appréciation sur la parole même de notre premier Pasteur, qui, dernièrement encore, en exprimant au sein des Conférences de Lille toutes ses sympathies pour notre Œuvre, nous engageait à ouvrir la porte la plus large à toutes les familles ; car une fois adoptées par Saint-Vincent de Paul, elles étaient nécessairement conduites à remplir leurs devoirs pendant la vie et à mourir dans les bras de la religion. Sa Grandeur ajoutait que jamais les ressources ne manquaient à ceux qui cherchent d'abord le royaume de Dieu et sa justice. Combien de fois, surtout pendant les mois écoulés où des besoins plus grands excitaient à une pieuse prodigalité, des faits survenus au milieu de nous ont-ils confirmé les paroles du Pontife ! Combien de fois la Providence s'est-elle plu à justifier son illustre interprète, en confondant les appréhensions d'une économie plus humaine que charitable.

» Le Conseil insiste sur ce point, Messieurs, parce qu'à ses yeux, comme on ne saurait trop le redire après le Conseil général, la visite des pauvres est, avec l'assiduité aux séances ordinaires, la vie même de la Société. Grace à ces deux éléments, une Conférence, malgré sa faiblesse numérique et son isolement, peut se former ; elle profite, comme la plus riche ou la plus nombreuse, des bénédictions du Ciel et des faveurs accordées par l'Eglise. Elle peut être la plus petite des filles de Saint-Vincent de Paul, elle ne sera pas la moins aimée. Abandonnez un instant cette double pratique, il restera, si l'on veut, de la bonne volonté, d'excellentes intentions, du dévouement même, il n'y a plus de Conférence. Nos confrères du Pas-de-Calais, qui d'abord ne s'étaient préoccupés que du patronage de la jeunesse, cette œuvre la plus belle espérance de l'avenir, l'ont bien compris, et cette année les Conférences de Calais et de Saint-Omer, sans négliger les pieuses habitudes qui les avaient disposées à entrer dans notre famille, pour pénétrer plus avant, ont embrassé la voie que l'Eglise elle-même nous a tracée. Elles se montrent aujourd'hui aussi intelligentes et aussi dévouées à visiter les pauvres qu'à patroner leurs enfants.

» Permettez-moi, Messieurs, de m'arrêter encore sur ces visites, la véritable vocation d'un membre de Saint-Vincent de Paul. Créons, développons, favorisons toutes les autres œuvres, nous devons être un foyer qui rayonne au loin sous toutes les formes la charité de notre saint Patron. Mais notre foyer à nous, notre centre, notre œuvre propre, c'est la visite des pauvres ; les autres ne passent qu'après elle. Il y en a sans doute de plus éclatantes, de plus utiles aux yeux des hommes, de plus fructueuses en apparence pour nos protégés ; il n'y en a pas de meilleures et pour eux et pour nous. Ce ne sont ni des vues humaines, ni même le vague sentiment du bien qui existe encore dans le cœur de l'homme déchu, qui peuvent l'inspirer ; la foi et la grace seules nous font reconnaître dans le pauvre un frère, un égal, un ami. C'est pour cela que nous le traitons en ami en le visitant, en nous asseyant à son foyer, en accueillant ses confidences, en prenant part à ses joies et à ses peines. Existe-t-il pour nous un ami plus précieux que dans cette famille où Dieu vient, pour ainsi dire, recevoir nos soins et nos aumônes, et qui en échange de faibles sacrifices et de quelques paroles aussi douces à prononcer qu'à entendre, nous assure la paix du cœur et les joies du ciel ?

» Et il ne s'agit pas ici de visites faites de loin en loin et à la hâte, comme pour se décharger d'un devoir pénible ; il faut voir souvent nos pauvres et leur laisser le temps de causer avec nous, il faut savoir traiter leurs affaires, écouter leurs plaintes, quelquefois même profiter de leurs exemples. Car quand nous les connaîtrons mieux, souvent sous une enveloppe grossière nous découvrirons des vertus secrètes, des trésors cachés de résignation et de reconnaissance où il est bon de puiser pour nous-mêmes. Si nous avons bien des choses à leur apprendre, eux aussi nous donnent, sans qu'ils s'en doutent, de salutaires leçons. En les quittant, la Providence nous trouvera moins ingrats dans la prospérité et plus soumis dans le malheur.

» La possibilité de bien faire ces visites doit donc être la seule considération qui limite leur nombre. Les ressources financières n'ont pas été jusqu'ici du moins un obstacle à leur extension. Le compte de 1852 accusait déjà un excédant. Les recettes au 1er janvier 1854, s'élevant à 59,046 fr. 75 cent.[1], ont surpassé les dépenses de plus de 8,000 fr. Nous ne comprenons pas dans ce chiffre une somme de 20,188 fr. 50 cent. reçue et dépensée par les Conférences de Lille, pour des œuvres spéciales qui ont leur budget particulier.

» Cet encaisse considérable, dont l'hiver de 1854 aura sans doute notablement diminué l'excès, est dû particulièrement aux Conférences d'Haubourdin, Bergues, Douai, et surtout Valen-

---

[1] Dans cette somme ne sont compris que les comptes des Conférences existant au 1er janvier 1853.

ciennes, qui sur 8,774 fr. de recettes, présente un excédant de 3,200 fr. Sauf les ressources extraordinaires, qu'il faut ménager avec une certaine prudence, notre Société, qui n'a pas de charges permanentes ou obligatoires, ne doit guères songer aux économies. Nous ne pouvons mieux placer les fonds que la Providence nous envoie que dans le sein de nos familles. Quand le passé a été généreux, pourquoi ne pas compter sur les espérances de l'avenir? Tourcoing, Merville et Loos ont seuls annoncé des déficits.

» A ces ressources, dues en général aux quêtes faites dans les séances ordinaires et extraordinaires, aux loteries ou autres moyens ingénieux inventés par la charité, il faut ajouter les quêtes de vêtements, ustensiles de ménage et autres objets en nature qui ont été abondantes et ne peuvent figurer dans un budget.

» Il nous faut également passer sous silence les actes de charité particulière dont nos visites ont été l'occasion et qui, s'ils étaient appréciés, représenteraient des sommes bien supérieures à nos recettes officielles.

» Après la visite des familles, l'œuvre la plus pratiquée par nos Conférences est le patronage des enfants et des adultes. Sous l'invocation de Saint-François Xavier, de Saint-Louis de Gonzague, de Saint-Joseph, de Saint-Vincent de Paul, nous patronons 897 enfants et 642 adultes. Leur nombre est presque doublé depuis 1852, et cependant nous entrons seulement dans la carrière. Lille sous ce rapport a déjà fait de grands progrès; trois patronages sont établis sous la présidence des Doyens de la ville et avec le concours de nos Confrères. Avant peu, chaque paroisse jouira d'un établissement semblable, sans compter un patronage pour les ouvriers agés de plus de 16 ans qui complète tous les autres. L'Œuvre a son règlement particulier, sa chapelle, ses locaux à la ville et à la campagne, et son budget qui dépasse 15,000 fr. par année. Avec la grace de Dieu, un avenir immense s'ouvre devant elle.

» Roubaix, Tourcoing, Dunkerque, Merville, Bourbourg, Douai, Orchies, Valenciennes, Le Quesnoy, St-Omer et Calais s'occupent également de l'enfance et de la jeunesse, en fondant et surveillant des crèches, des salles d'asile, des écoles, des établissements spéciaux, modes divers de protéger nos familles dans la personne de leurs enfants, et de rendre d'éminents services à la société tout entière, si gravement compromise par la mauvaise éducation du peuple et qui ne sera sauvée que par une génération élevée sous les auspices de la religion. A des époques déjà éloignées de nous, les pères et mères chrétiens assuraient le salut de leurs enfants. Aujourd'hui, après les bouleversements qui nous ont légué de si funestes principes, c'est par les enfants qu'il faut sauver la famille: Combien de nos Confrères, après avoir épuisé leur zèle pour ramener les parents au bien, n'ont trouvé le chemin de leurs âmes qu'en passant par le cœur de leurs enfants!

» St-Amand et Orchies auraient voulu étendre un patronage spécial sur les enfants des hospices généralement si délaissés. Cette idée éminemment catholique, et qui se naturaliserait rapidement parmi nous, n'a pu recevoir encore d'exécution; la surveillance dont il s'agit étant jusqu'ici toute administrative, et les enfants dépendant de l'assistance publique de Paris. Espérons que la loi trop long-temps attendue sur la grave question des enfants trouvés, pour lesquels malgré la divergence des opinions on s'accorde à réclamer la plus active surveillance, reconnaîtra que sous ce rapport les Sociétés charitables peuvent seules atteindre le but proposé. Que, comme le projet de 1851, elle fasse appel à leur bonne volonté; elles répondront avec empressement, et vous le voyez, la Société de Saint-Vincent de Paul ne sera pas la dernière à offrir sa part de vigilance et de sollicitude.

» L'utilité des bons livres, la nécessité de combattre les mauvais ont frappé le Gouvernement lui-même. Depuis long-temps notre Société, en contact direct avec les classes ouvrières, cherchait à les arracher à une séduction dangereuse. Par ses soins, *des bibliothèques* ont été établies dans un grand nombre de Conférences, pour prêter des livres instructifs et amusants qui servent de contre-poison à ces publications immondes portant partout le désordre et l'immoralité.

» *Les petites lectures* que recommande le Conseil général, par la modicité de leur prix, l'attrait qu'elles offrent à des lecteurs facilement rassasiés, la spécialité intelligente de leur rédaction, méritent d'être répandues dans toutes nos familles. Lille, Valenciennes, Moulins-Lille, Roubaix, Tourcoing, la Madeleine ont obtenu d'encourageants résultats. A Orchies nos Confrères ont eu le bonheur de faire fermer par leur concurrence un mauvais cabinet de lectures, et ont ainsi prouvé, ce dont les honnêtes gens doutent trop souvent, que le bien fait avec résolution peut combattre sans crainte le mal même invétéré.

» L'œuvre si française des militaires a pris également de l'extension, non sans rencontrer quelques obstacles. Elle exige de la prudence et une certaine réserve parfois gênante, mais offre les plus douces consolations. Elle s'adresse à des natures dont l'enveloppe assez rude et les habitudes quelquefois mauvaises cachent des cœurs nobles et généreux. C'est une terre dont la surface est inculte, mais le fond, solide; et les bonnes paroles que vous y jetez en passant, se retrouveront un jour sur le champ de bataille, dans un lit d'hôpital ou plus tard sous le toit paternel.

» Nous avons déjà trop abusé de votre bienveillante attention, Messeigneurs, pour entrer dans de plus longs détails. Il suffira de signaler la part que nous prenons à l'œuvre *de Saint-François Régis*, cette œuvre excellente qui a eu jusqu'ici l'heureux privilège de ne rencontrer même dans le monde que des éloges et de l'appui. 628 mariages et 133 enfants légitimés par nos soins constatent encore un progrès sur l'année précédente.

» Le Conseil central recommande à tous l'œuvre de *la Sainte-Famille*, qui réunit tous les dimanches aux pieds des autels nos familles entières ; là elles entendent des instructions à leur portée, et reçoivent ensemble des avertissements qu'il serait quelquefois difficile d'adresser à chacun de leurs membres. A peine établie à Lille, elle a déjà obtenu un succès qui tentera toutes nos Conférences. Cette année, le dimanche des Rameaux, Mgr l'Archevêque de Cambrai a daigné dire la messe dans la chapelle de l'œuvre, et donner de sa main la communion pascale : personne n'a manqué à ce saint appel. Quelle plus douce récompense Dieu peut-il accorder à nos efforts !

» L'œuvre *des Loyers*, organisée à Lille, Cambrai, la Madeleine, Douai, et qui tend à s'établir sur d'autres points, lorsqu'elle n'entraîne pas de trop grandes dépenses, mérite aussi d'être encouragée. C'est une prime offerte à l'esprit d'ordre, qui délivre nos protégés du fardeau pesant périodiquement sur eux sous le nom de loyers. En les engageant à payer chaque semaine et presque sans s'en apercevoir de petites sommes, qui accumulées forment la redevance mensuelle, on introduit parmi eux les habitudes d'économie, première des vertus matérielles trop rares chez les pauvres, et qui cependant sont loin d'être sans influence sur les vertus morales.

» Nous ne devons négliger aucun moyen d'être utiles à nos enfants d'adoption. Les Conférences d'Haubourdin et Moulins-Lille ont profité de l'institution des secours mutuels, protégée par le Gouvernement, pour faire pénétrer dans ces associations si favorables aux classes ouvrières l'esprit charitable et religieux, ce sel divin qui entretient et développe les bonnes choses ; Lille imitera bientôt leur exemple, qui se généralisera parmi nous. N'oublions pas que partout où nous jetons un grain de la divine semence, en travaillant pour le ciel nous bénissons et fécondons la terre.

» Ce même motif, sans parler du sentiment chrétien toujours porté à la conciliation et la condescendance, nous engage à entretenir les meilleurs rapports avec toutes les administrations charitables. Nos protégés sont les mêmes, nous marchons dans la même voie, un grand nombre de nos confrères remplissent également ces honorables fonctions, il ne peut exister entre nous une rivalité qui ne réjouirait que les ennemis du bien. L'assistance publique sait maintenant qu'elle ne peut mieux placer sa confiance que dans les associations telles que la nôtre. Ceux qui, volontairement et sans aucune règle obligatoire, consacrent leur temps et surtout leur cœur au soulagement de leurs semblables, lorsqu'ils acceptent des fonctions publiques, n'offrent-ils pas les garanties morales qu'il faut exiger avant tout ? Le sentiment religieux qui les anime, en enlevant au secours le cachet purement administratif qui éloigne la reconnaissance, lui imprime un caractère charitable qui appelle la confiance et l'affection ! D'un autre côté que d'avantages en faveur de nos chères familles nous trouvons dans les ressources si variées et si nombreuses de l'assistance publique !

» Après avoir longuement et trop imparfaitement exposé notre action sur les familles confiées à nos soins, il faudrait raconter le bien que nous nous faisons à nous-mêmes, bien qui dépasse de beaucoup ce que nous pouvons faire pour les autres. Vous seuls, Messieurs, en avez le secret ; et quand le temps ne me manquerait pas, je serais impuissant à exprimer ce que vous sentez tous au fond de vos âmes. Il existe cependant un moyen d'augmenter encore les grâces précieuses que Dieu attache à notre œuvre : ce sont les retraites qui nous retrempent dans la foi, dans la charité, dans toutes les vertus qui font le chrétien et par conséquent le membre de Saint-Vincent de Paul. Dunkerque et Lille ont suivi à cet égard l'exemple de Paris, et nous qui avons encore présentes au cœur et à la mémoire les paroles du respectable Vicaire-général, archidiacre de cette grande cité, nous croirions manquer à la vertu dont nous avons si souvent parlé dans ce rapport, si nous n'engagions pas vivement tous nos confrères à recourir dès qu'il leur sera possible à ce puissant secours. Il nous rendra tous moins indignes de posséder les saintes reliques qui demain nous serviront de guide et de symbole.

» Arrivé au terme d'une tâche que votre indulgence seule a rendue possible, je me félicite, Messeigneurs, d'avoir entendu un digne interprète du Conseil central et de notre Société entière, vous exprimer nos sentiments de vénération et de profonde gratitude pour l'insigne faveur que vous nous accordez en ce jour. Je n'ajouterai rien à ses paroles ; ma voix ne peut que les affaiblir. Mais en terminant un travail qui expose moins ce que nous avons fait que ce que nous aurions dû faire, qu'il me soit permis de manifester aux yeux de mes confrères un exemple d'édification qui ne sera pas perdu pour eux.

» Dans les familles que nous visitons chaque jour, nous, par comparaison, les favorisés de la fortune, les heureux du siècle, nous devons apporter aux déshérités du monde secours et compassion.

» Dans l'ordre si supérieur des biens spirituels, nous sommes à notre tour d'une grande indigence, et voilà que d'illustres prélats, des princes de l'Eglise, riches de mérites et de vertus, daignent encourager notre faiblesse, visiter notre misère, nous enrichir de leurs prières et de leurs bénédictions. Nous avons changé de rôle, Messieurs, nous sommes aujourd'hui les familles pauvres adoptées par d'augustes et pieux visiteurs.

» Imitons ces admirables modèles. Que dans la pratique de notre charité, le Seigneur nous accorde le zèle, le dévouement, l'esprit de Dieu, que ces saints Pontifes apportent au milieu de nous, et qui excitent à tant de titres la respectueuse affection et la filiale reconnaissance dont tous nos cœurs sont pénétrés. »

Lorsque le rapporteur eut cessé de parler, M. le président pria Monseigneur l'Archevêque d'adresser quelques mots à l'assemblée. « Aujourd'hui, répondit le prélat, je n'ai rien à vous dire ; je ne pourrais que répéter les témoignages de satisfaction et les encouragements que j'ai tant de fois exprimés sur tous les points de mon diocèse, lorsque je me suis trouvé au milieu des conférences de St-Vincent de Paul; cette fois, je me mets au nombre des membres, pour écouter mes vénérables collègues, que j'invite à vouloir bien prendre la parole. »

Alors, sur l'invitation du vénérable métropolitain, NN. SS. les évêques prirent successivement la parole. On s'empressa de recueillir, autant qu'il a été possible, ces diverses allocutions, que nous transcrivons à notre tour.

Mgr L'ÉVÊQUE DE GAND.

« Moi non plus, Messieurs, je ne trouve rien à vous dire, sinon vous remercier de la bonne semence de charité qui, par vous, s'est répandue dans mon diocèse. Il y a neuf ans, j'assistais comme aujourd'hui à une réunion solennelle des Conférences de Lille, Roubaix et Tourcoing, et cette précieuse semence que j'y ai recueillie, je l'ai emportée dans mon cœur. Grace à Dieu, elle a fructifié ; déjà 74 Conférences se sont établies et fleurissent dans mon diocèse ; Dieu seul sait tout le bien qu'elles y font. Aussi, plein de reconnaissance, je prie le Seigneur qu'il répande sur vous ses plus abondantes bénédictions pour le bien que vous m'avez procuré. »

Mgr L'ÉVÊQUE D'ARRAS.

« Tout-à-l'heure, Messieurs, vos dignes interprètes croyaient devoir témoigner la reconnaissance de leur cœur, en voyant tant d'évêques réunis au sein de cette pieuse assemblée ; nous nous unissons à ce sentiment, et je ne crois pas trop présumer de mes illustres et vénérés collègues, en me faisant ici l'interprète de leurs sympathies pour la Société de Saint-Vincent de Paul.

» Le ministère pastoral est en même temps et bien sublime et bien pesant, et il s'y rencontre souvent des déceptions cruelles et des douleurs intimes. Eh bien ! Dieu permet que les Conférences nous procurent des consolations inespérées.

» Nous avons vu de près ce siècle ; nous avons vu les cœurs se resserrer par l'égoïsme. Mais ce qui nous est un encouragement bien puissant, c'est de voir une réunion d'hommes qui s'oublient eux-mêmes et se dévouent pour les autres. L'apôtre saint Paul dit, en parlant de Celui qui est venu apporter la charité sur la terre : *Dilexit me, et tradidit semetipsum pro me. Il m'a aimé, et il s'est livré pour moi.*

» Non, ce n'est pas un amour de parole, un amour de jactance, un amour d'occasion ; c'est un amour réel, car il est suivi de sacrifice. C'est un amour réel, car le vrai disciple de Saint-Vincent de Paul donne au pauvre son argent, alors que d'autres emplois pourraient en être également légitimes ; ses moments, que pourraient réclamer même des plaisirs permis ; ses démarches, son temps, et plus que cela, son cœur.

» Messieurs, le spectacle dont nous sommes aujourd'hui témoin élève l'âme. Nous voyons une ville, d'ordinaire si occupée de ses affaires, de ses intérêts, de son négoce, tout entière animée des plus purs sentiments religieux ; nous sommes au milieu d'une réunion si pieuse, près des reliques vénérées de Saint-Vincent de Paul, et enfin de Notre-Dame de la Treille dont nous allons demain célébrer la fête. Ah ! Messieurs, nous devons remercier Dieu qui a bien voulu permettre que nous nous arrachions un moment à nos travaux pour assister à une si édifiante solennité.

» Nous devons, en particulier, vous remercier, nous évêque d'Arras, d'avoir admis les Conférences de Saint-Omer et d'Aire sous la direction du Conseil central de Lille. Elles y ont déjà beaucoup gagné ; espérons que vous y gagnerez aussi, et ainsi seront accrues sur nous tous les bénédictions célestes. »

Mgr L'ÉVÊQUE DE NEVERS.

« Il y a vingt ans, on entendait retentir ces sinistres paroles : *Le Catholicisme s'en va, le Catholicisme est mort !* Et nous voyons en effet, avec une inexprimable douleur, la parole de Dieu commencer à être dédaignée, et la religion s'éteindre, pour ainsi dire, dans les cœurs.

» Ce fut alors que l'Esprit-Saint inspira à quelques jeunes gens la pensée de former la Société de Saint-Vincent de Paul. Dès ce moment tout changea. La chaire ne fut plus isolée ; et quand les indifférents et les orgueilleux la virent entourée d'une jeunesse armée de la foi et de la charité, *facientes veritatem in charitate*, ils se montrèrent mieux disposés à écouter nos avis.

» Dans les premiers temps, c'était seulement Paris et quelques grandes villes qui racontaient votre ministère... — C'est à dessein que je dis ce mot, car vous laissez à d'autres les calculs, la statistique et les systèmes; vous agissez, vous vous dévouez. — Aujourd'hui, le prêtre vous trouve partout comme de puissants auxiliaires. Restez toujours fidèles à votre esprit primitif : *Custodi, Domine, in æternum hanc voluntatem cordis eorum.* »

Mgr L'ÉVÊQUE DE FRÉJUS.

« Je ne veux exprimer ici qu'un souvenir, qui me remplit d'émotion et de joie. J'ai eu le bonheur de voir naître à Lille, dans cette paroisse dont j'étais chargé, la première Conférence du diocèse. C'est sous mes yeux qu'a été semé ce grain de sénevé, par ce même membre dont la parole nous a tout-à-l'heure si profondément édifiés. J'ai été le père spirituel de cette société naissante ; je l'ai vue croître peu à peu. Maintenant le faible grain est devenu un grand arbre dont l'ombrage s'étend au loin. Béni soit mille fois le Seigneur qui lui a donné un tel accroissement, et bénis soient ceux qu'il protège et qu'il nourrit de ses fruits ! »

Mgr. L'ÉVÊQUE DE SOISSONS.

« Messieurs, je devrais circonscrire mes émotions dans la sphère des sentiments de foi, de reconnaissance et d'amour intimes; mais j'éprouve une émotion que moi seul, enfant de Lille, enfant de cette paroisse, élevé parmi vous, je peux ressentir au milieu de mes vénérables collègues. C'est l'émotion de la fierté.

» Oui, je suis fier de tout ce que j'ai vu et entendu aujourd'hui ; j'en suis fier pour vous, fier aussi un peu pour moi qui suis un des vôtres! Et en revenant parmi vous sous le poids d'une dignité que ma faiblesse rend bien lourde, je ne puis oublier que le peu de bien qu'il m'est donné de faire dans mon diocèse, c'est à vous que je le dois! Aussi je ne veux rien vous dire qui vienne de moi-même; c'est à l'Esprit-Saint que j'emprunterai mes paroles.

» L'Esprit-Saint n'a-t-il pas prévu ce qui devait se passer en des jours comme les nôtres ; n'a-t-il pas désigné vos pieuses réunions, qui sont le caractère spécial de notre siècle, quand il a dit :

« Voyez! les voilà ces hommes de miséricorde qui portent sur leur front la marque de leur foi! *Hi viri misericordiæ sunt , quorum pietates non defuerunt.*

» Leur héritage est saint, et l'avenir réserve encore à l'édification commune plus que le passé n'a admiré, et leurs enfants demeureront éternellement fermes dans la foi et les bonnes œuvres. *Hæreditas sancta nepotes eorum, et filii eorum propter illos in æternum manent.*

» Déjà vos rangs se sont éclaircis; la mort vous a ravi plusieurs de ceux qui vous avaient ouvert la voie; mais ils reposent en paix, et leur nom est invoqué plus d'une fois avec confiance par ceux qui leur survivent. *In pace sepulta sunt nomina eorum, et nomen eorum vivit in generationem et generationem.* »

Mgr L'ÉVÊQUE DE BRUGES.

« Ceux qui ont vu le commencement de la Société de Saint-Vincent de Paul, pouvaient croire qu'elle resterait dans l'obscurité.

D'où lui est donc venu un si grand accroissement? De l'esprit qui l'anime, du but qu'elle se propose. Elle a été féconde comme la religion, parce qu'elle a été, comme elle, fondée sur la charité.

» Elle est venue à son heure : en présence des désordres sociaux de notre époque, des haines, des divisions, qui ont leur source dans l'égoïsme, Dieu a voulu donner un nouvel élan à la charité, et il a inspiré la création des Conférences.

» L'établissement de nouvelles Conférences n'est pas toujours facile, ou plutôt on le croit plus difficile qu'il n'est réellement. A Bruges, on avait pensé pendant plusieurs années qu'il était même impossible et que les éléments manquaient. Cependant on finit par se mettre à l'œuvre, grace à l'impulsion de membres zélés de la Conférence de Gand, et en moins d'un an on se trouvait au nombre de 80 membres actifs. Aujourd'hui une foule de villages du diocèse ont des Conférences; et plusieurs même, à l'exemple de saint Pierre Chrysologue, s'occupent de travaux d'intérêt public, établissent des fontaines, fournissent du bétail aux pauvres ménages, assurent des ressources à la localité entière. Il est vrai qu'on va plus loin à Gand, et qu'on donne même des joujoux et la St-Nicolas aux enfants. Les petites choses sont grandes quand c'est la charité qui les inspire, et des témoins oculaires disent que la joie des pauvres en cette occasion dépasse tout ce qui peut s'imaginer.

» Une œuvre bien plus importante, c'est celle de l'enterrement des pauvres. Le respect pour les morts est presque éteint dans les villes; les pauvres sont enterrés administrativement, mais bien peu le sont chrétiennement, et les familles sont pourtant si sensibles à cette religieuse consolation!

« Messieurs, disaient de pauvres gens dans la famille desquels de pieux membres de Saint-Vincent de Paul avaient rendu ce dernier service, Messieurs, quand même vous n'auriez plus rien à nous donner, venez encore nous voir, vous serez toujours nos amis. »

» Les *secrétaires des pauvres* ont été assez heureux pour rendre souvent de notables services à leurs protégés. L'an dernier, une pauvre veuve vint trouver le secrétaire : elle était abandonnée depuis longtemps par son fils, et celui-ci était dans les Indes. Le secrétaire puisa dans son cœur toutes les raisons qui devaient émouvoir ce fils oublieux. La bonne femme a effectivement reçu de lui les secours qu'elle n'osait plus en espérer. »

Ces détails familiers, donnés par Mgr l'Evêque de Bruges avec un charme que nous voudrions pouvoir reproduire, sont accueillis à plusieurs reprises par l'assemblée avec de vifs témoignages d'intérêt, qui font espérer que ces œuvres, encore étrangères à nos Conférences, ne tarderont pas à être adoptées par plusieurs d'entre elles.

Mgr L'ÉVÊQUE DE BLOIS.

» Au milieu de vous, Messieurs, j'aime à me rappeler l'expression si touchante d'un ancien maître de la vie spirituelle : *Des cœurs qui savent aimer, des mains qui savent donner, des lèvres qui savent prier.*

» Il est heureux de voir se multiplier des sociétés d'hommes qui savent aimer, qui savent donner, qui savent prier, et qui communiquent ces dons précieux à la jeunesse et même à l'enfance.

» Je bénis Dieu d'avoir, dans mon diocèse, une institution célèbre pour le bien qu'elle fait, le collége de Pontlevoy ; il s'est formé dans son sein une Conférence de Saint-Vincent de Paul ; les jeunes gens qui la composent se sont acquis une considération si générale dans le pays, que les personnes mêmes qui ne sont pas dans l'indigence les font demander lorsqu'elles tombent malades.
« Nous n'avons besoin, disent-elles, que de vos bonnes paroles. »
Ah ! que nous avons à bénir Dieu de nous avoir fait naître dans un temps où la jeunesse elle-même est un si puissant motif d'édification ! »

Mgr L'ÉVÊQUE DE LIÉGE.

« Je ne veux pas, Messieurs, que mon silence fasse croire que je ne partage pas les sentiments que vous ont si bien exprimés mes vénérables collègues. Mais, forcé de me restreindre, je me bornerai à vous dire que mon diocèse a aussi ses conférences, et que je n'ai qu'à me louer du bien qu'elles font. Arrivé l'un des derniers dans l'épiscopat, je m'efforcerai de suivre l'exemple de mes collègues, en donnant tout mon concours à ces Conférences qui ont déjà toutes mes sympathies. Je vous demande pour elles le secours de vos prières ; soyez assurés que je ne vous oublierai pas dans les miennes. »

Mgr L'ÉVÊQUE DE SAINT-DENIS (ILE BOURBON).

« Messieurs, la dernière action que j'ai faite en quittant Roubaix, a été d'y établir une Conférence des Dames ; j'ai appris avec bonheur tout le bien qu'elle fait.

» Pardonnez-moi, Messieurs, de faire quelque diversion aux douces préoccupations de cette belle assemblée, et de vous transporter pour un moment à l'île Bourbon, pour vous donner quelques détails sur la situation de mon diocèse.

» Vous le savez, il y a quelques années la France proclama l'abolition de l'esclavage. Je fus, par un décret de la Providence, désigné pour la difficile mission d'organiser le nouveau diocèse de Saint-Denis. Pénétré de mon insuffisance, j'ai en vain décliné ce fardeau ; j'ai été obligé de l'accepter.

» En arrivant à l'île Bourbon, je me trouvai en présence de 97,000 esclaves affranchis, livrés à eux-mêmes, à la paresse, à l'ignorance, la plupart idolâtres et manquant du nécessaire.

» La première année, je tentai des essais d'organisation d'un service paroissial ; malgré la faiblesse des ressources, j'obtins

de consolants succès. Après deux années, près de 10,000 affranchis avaient reçu le baptême; moi-même, dans mes courses pastorales, j'en ai baptisé près de 3000. A l'âge de 60 ans, l'affranchi est encore un enfant qu'il faut diriger. Dans cette situation, j'ai songé à l'association qui fait tant de bien dans les Conférences; je divisai ce peuple en sections de dix, pour veiller, les uns aux ménages, d'autres à la conduite, aux catéchismes de persévérance; cette association a fait aussi le plus grand bien; c'est le principe de la charité qui sauvera mes bons affranchis. Aux Pâques, nous avons eu une communion générale à laquelle aucun n'a manqué; le prêtre est vénéré, le saint jour du dimanche est respecté. Pour venir, quelquefois de très-loin, à la messe, ils partent dans la nuit du samedi, et, arrivés près de l'église, il faut les ranger pour modérer leur empressement. Chose étonnante, ces pauvres gens qui n'ont rien, bâtissent des églises! Un jour, il s'agissait de transporter, du rivage à la montagne voisine, une église en bois; on demande des hommes de bonne volonté, on leur dit:
« Nous ne pouvons vous donner ni salaire ni nourriture; vous
» apporterez votre riz. » Eh bien! dans ces conditions, il en est venu près de 500; et, quelques heures après, toutes les pièces de la charpente étaient déjà assemblées.

» Avant mon départ, nous avons établi à Saint-Denis une petite Conférence dans la partie de la ville la plus pauvre. Tout mon désir est que, de cet humble berceau, la Conférence puisse grandir et étendre son action sur l'île tout entière, et je vous demande à cet effet le secours de vos prières.

» Messieurs, j'ai encore à vous adresser une autre demande. Je suis venu en France pour chercher des ouvriers évangéliques; la moisson est mûre, elle s'incline, et s'étonne de n'être pas serrée dans les greniers du Père de famille. Nous devons laisser des idolâtres à leurs superstitions, faute de prêtres pour les en retirer. Je repartirai avec joie, si je peux leur procurer ce grand bienfait. Sur le port, il y avait à mon départ plus de cœurs, que de curieux à mon arrivée; je les retrouverai à mon retour, car ils attendent avec anxiété le salut que je leur ai fait espérer. »

L'assemblée, en se séparant, après la bénédiction des évêques, se hâta de se rendre à Ste-Catherine, pour entendre le dernier discours du P. Souaillard, comptant trouver encore des places dans la grande nef, dont une partie avait été, dès la veille, exclusivement réservée aux hommes. Mais, ainsi que le vendredi, tout avait été envahi dès long-temps avant l'office, et l'église regorgeait d'une foule qui ne laissait plus une seule place vide. Alors, entrant par le presbytère, chacun attendit que les prélats se fussent assis à l'entrée du chœur, et tous dûrent se tenir dans le sanctuaire, où les avaient précédés un bon nombre d'officiers de la garnison.

L'orateur, qui la veille avait montré ce que la charité a fait dans la religion pour l'intelligence et le cœur du pauvre, a abordé la question de l'économie providentielle de la loi du travail imposé à l'homme après sa chute. Appelant comme à sa barre toutes les théories inventées et préconisées, il y a quelques années, sur cette matière, il les a confondues par des raisons qui faisaient trépigner d'admiration tout son auditoire; puis, parlant du repos dominical, il a montré que l'abstention du travail dans le jour de Dieu est exigée par notre nature, par la société et par notre âme qui éprouve l'impérieux besoin de s'élever, au moins un jour sur sept, vers l'Auteur de toutes choses et de respirer une atmosphère divine. Enfin, épanchant sa reconnaissance pour l'empressement que les Lillois avaient mis à venir écouter la parole sainte qu'il leur annonçait, il les félicita du grand acte de foi et d'amour qu'ils accomplissaient envers Marie ; il rendit à ses collègues dans la prédication le témoignage de fraternel amour que lui avait présenté le matin le P. Lavigne ; et, avec un geste que le cœur seul inspire, et que personne n'oubliera, il dit à tous : « Je vous donne la main ; nous nous reverrons au ciel, si les décrets de la Providence ne devaient plus permettre que nous nous rencontrions encore sur la terre. »

JOURNÉE DU DIMANCHE 2 JUILLET.

Hommage à vos vertus, Vierge et Mère chérie,
On sait que c'est par vous qu'on obtient le bonheur ;
Montrez-vous-en prodigue en ce jour, ô Marie !
Multipliez pour nous les dons de votre cœur.
A l'aspect des transports des habitants de Lille,
Glorieux de fêter ce règne de cent ans,
Egayez-vous au ciel, de voir chaque famille
Ajouter à ses vœux et le myrte et l'encens.
N'oubliez pas le but de ce pieux cortège ;
Obtenez du Très-Haut la grace et le pardon ;
Terrassez le démon par votre privilège ;
Ranimez la croyance et la religion.
Ecoutez ces accents, ces cantiques des anges,
Daignez en exaucer l'espérance et le vœu,
Accueillez-les, Marie, et parmi les louanges,
Moissonnez en passant ce qui sourit à Dieu ;
Enfin, en qualité de Reine et de Patronne,
Demandez au Seigneur, au nom des habitants,
En vertu du pouvoir né de votre couronne,
La bénédiction pour Lille et ses enfants.
Appelez sur nos murs la paix et l'abondance,
Tournez vers l'horizon un œil de charité,
Rendez ce Jubilé prospère pour la France,
Et protégez toujours cette chère cité.
Il n'est plus pour finir qu'une grace à nous faire,
Lille et ses habitants se consacrant à vous,
Lisez dans tous nos cœurs, ô sainte et bonne Mère,
Et daignez à jamais, daignez prier pour nous !

Cet acrostiche, dû à la plume de M. Mallez-Castain, et dans lequel le charme de la poésie enrichit les charmes de la plus douce piété, avait été placé, le samedi soir, entouré de guirlandes, au chevet de l'église, contre la muraille qui regarde la rue Royale. Le jour du triomphe se lève : depuis vingt heures, la pluie n'a pas cessé de tomber à flots. L'hommage de la poésie lilloise a presque disparu sous le coup des raffales de la nuit! Dieu aurait-il détourné ses regards loin de la *cité de la Vierge?* et cette auguste Mère refuserait-elle les fêtes splendides que lui préparent tous ses enfants?... Non, impossible!!. Il y a tant d'âmes qui ont prié pour obtenir le beau temps! Aussi, la confiance se soutient, et, comme pour défier l'intempérie, de tous côtés les maisons se décorent.... Oui, répète-t-on de toutes parts, il fera beau!!! Et cette parole se redit malgré la vue du ciel qui reste sombre, malgré la pluie qui revient encore après quelques éclaircies.

A sept heures, Mgr l'évêque de Gand, qui a revêtu ses ornements au presbytère, se rend à Ste-Catherine pour offrir un *ex-voto* à N.-D de la Treille. Cet *ex-voto* consiste en un magnifique reliquaire renfermant des cheveux de la Vierge Marie. En forme de trilobe d'environ 25 centimètres, dans l'encadrement duquel se trouve, au milieu de quelques pierres précieuses, l'inscription contenant les noms du donateur, il présente, au fond, l'image de N.-D. de la Treille en argent ciselé. Aux côtés de la Madone se tiennent deux anges agenouillés ayant près d'eux, l'un les armes du prélat, l'autre les armes de la province de la Flandre orientale, en Belgique. La relique ayant été donnée, en 1097, à l'église de Watten, par la comtesse Clémence, épouse de Robert de Jérusalem comte de Flandre, le pieux évêque eut l'heureuse idée de rappeler, en venant l'offrir, la donation primitive. Placée sur un coussin de velours rouge, elle est portée par une jeune personne de l'ancienne ville de Charles-Quint, en grand costume de comtesse au moyen-âge : couronne de perles sur le front, robe brodée d'or, long manteau de velours fourré d'hermine, relevé par des pages devant lesquels se tiennent des dames d'honneur et deux jeunes filles représentant les hérauts d'armes aux écus armoriés. Mgr Delebecque se tenait dernière ce charmant petit groupe, qui fut reçu à la porte de l'église et introduit dans le chœur. Un prêtre reçut le reliquaire et le déposa sur l'autel [1].

[1] Voici la traduction du diplôme latin qui accompagne ce reliquaire.
Louis-Joseph Delebecque, par la miséricorde divine et la grace du Saint-Siège Apostolique, Evêque de Gand, prélat domestique de Sa Sainteté, assistant au trône pontifical, consulteur de la sacrée congrégation des évêques et des réguliers, à tous ceux qui ces présentes verront, salut en Notre-Seigneur. Nous faisons savoir et attestons que nous, à la date des présentes, nous avons reconnu et approuvé certaines reliques des cheveux de la bienheureuse Vierge Marie, approuvées en l'an 1619, par Ferdinand, Archevêque, Electeur de Cologne et Evêque de Liège, et en l'an 1693, par Jacques de Lieres, vicaire-général de Saint-Omer, le siège vacant. Lesquelles reliques, données d'abord à l'église Sainte-Marie de Watten, par Clémence, épouse de Robert de Jérusalem, comte de Flandre, qui les avait reçues du duc de la Pouille, à son retour de la guerre contre les Perses (comme il conste du diplôme dit *de Clemence* de l'année 1097, indiction cinquième), furent données en 1692 au noviciat de la Société de Jésus à Watten, par Benoît de Béthune, abbé de Saint-Bertin en Sithieu; et enfin en 1773, lors de la suppression de ladite société, elles furent remises à Gouard-Gérard Van Eersel, évêque de Gand, qui les a déposées dans la sacristie du palais épiscopal, où elles ont été soigneusement conservées par ses successeurs. Après avoir extrait lesdites reliques de la châsse de cristal dans laquelle elles se trouvaient et avaient été visitées et reconnues par le vicaire-général de Saint-Omer nommé plus haut, Nous les avons placées dans une châsse d'argent, de forme ronde, bien fermée et garnie d'une glace dans sa partie antérieure, et, avec le reliquaire auquel elles sont adjointes, nous en avons fait don et les avons offertes à la bienheureuse Vierge Marie, dite de la Treille, à l'occasion de la solennité séculaire célébrée dans l'église Sainte-Catherine, à Lille en Flandre, afin que sur l'approbation de l'illustrissime et révérendissime Archevêque de Cambrai, elles soient exposées publiquement pour la plus grande gloire

CHAPITRE VI.

A neuf heures arrivent à leur tour les députations des villes voisines que plusieurs ecclésiastiques et des confrères de N.-D. de la Treille, décorés d'un brassard aux couleurs de Marie, étaient allés recevoir au débarcadère du chemin de fer. C'est la députation de Tournai, formée de la société de la Sainte-Famille et des membres de la confrérie établie dans cette ville, en 1659, sous le vocable de la patronne de Lille. Selon les traditions locales, elle apporte un cierge à l'autel de Notre-Dame. C'est celle d'Aire en Artois qui vient également offrir un cierge orné des armoiries de la ville et de l'image de N.-D. de Pannetière que l'on y honore. Tourcoing tient une couronne monumentale en vermeil de près de 50 centimètres de diamètre ; et Roubaix un grand cœur enflammé, placé sur un fond de velours qu'entoure un cadre de bois doré. Comines a fait aussi exécuter un cœur formant le centre d'un tableau d'argent *repoussé*, dont le cadre d'ébène, orné d'arabesques, soutient dans sa partie inférieure cette inscription : *La ville de Comines à Notre-Dame de la Treille.* Ce cœur ainsi que celui de Roubaix sont ornés des armes de la ville qu'ils repré-

de Dieu, l'honneur de la bienheureuse et immaculée Vierge Marie, la dévotion et la consolation des fidèles. En foi de quoi nous avons scellé cette châsse de notre sceau, empreint dans une cire rouge, et nous avons ordonné que ces lettres, signées par nous, fussent munies de notre sceau et de la signature de notre secrétaire.

Donné à Gand, le jour de la fête des saints apôtres Pierre et Paul, l'an du Seigneur, 1854.

† LOUIS-JOSEPH, évêque de gand.

PAR MANDEMENT DE MONSEIGNEUR :

F. SAUDAN, chan.-secrét.

De ce diplôme pend un sceau enfermé dans une boîte de fer blanc.

sentent. Douai, qui n'arrivera que vers midi, offrira les armoiries de la ville, burinées sur une plaque d'argent, à l'imitation du magistrat qui, en 1635, déposa aux pieds de l'autel de N.-D. de la Treille les mêmes armoiries peintes sur vélin.

C'est en vain que l'on attend la députation de Cambrai ; après avoir reçu de Lille, lors de la fête séculaire en 1852, un précieux *ex-voto*, la ville métropolitaine a voulu offrir à Lille un *ex-voto* qui fût digne d'elle ; l'image de sa N.-D. de Grace en argent ciselé. Dans le sommet du cadre qui entoure la Madone vénérée, elle a fait placer ses armoiries, et dans le bas, au milieu d'un cartouche qu'enroule une guirlande de roses, l'inscription : *Cambrai, ville de la Vierge, à Notre-Dame de la Treille*, 1854. Hélas ! la députation chargée d'apporter l'*ex-voto* dans une châsse surmontée d'une pyramide, rappelant la flèche de l'antique cathédrale de Fénelon, partie un peu tard, dans l'espérance de trouver au chemin de fer plusieurs trains spéciaux, ne put quitter Douai qu'après cinq heures du soir.

A neuf heures et demie, de nombreux prélats, revêtus des insignes de leur dignité, entraient processionnellement dans l'église ; sous le dais s'avançait Son Eminence le cardinal archevêque de Reims, qui célébra l'office. Un chœur de deux cents voix d'hommes exécuta, avec accompagnement d'orgue et de contre-basses, une messe en plain-chant harmonié, tout à la fois simple et noble, et empreinte de sentiments que la foi unie à la piété la plus vraie peut seule inspirer. Nous avons déjà dit que M. Mazingue, son auteur, qui la dirigea, a mérité, en récompense des services qu'il a rendus à la science du chant ecclésiastique dans le diocèse, l'honneur de recevoir de Monseigneur l'Archevêque le titre de maître de chapelle de N.-D. de la Treille.

Pendant la cérémonie, les élèves du pensionnat de N.-D. de la Tombe, près Tournai, conduits par leur musique et chantant des chœurs, entrèrent dans l'église. Elevés à l'ombre d'un sanctuaire qu'ornait autrefois une image miraculeuse de Marie et qui était l'objet d'un célèbre pèlerinage, ces pieux jeunes gens voulurent offrir leur hommage à la Patronne de Lille et honorer en même temps celle du hameau qu'ils habitent. Ils avaient écrit sur leur bannière : *Confrérie de Notre-Dame de la Tombe*, 1609 [1].

L'office terminé, les portes de l'église se fermèrent et de nombreux ouvriers se mirent en devoir d'enlever de son piédestal la châsse de N.-D. de la Treille, pour la démonter, la sortir dans la rue et la remonter pour qu'elle pût, après avoir été le principal ornement de l'église, faire le principal ornement de la procession à laquelle on se dispose de tous côtés.

[1] Le hameau de la Tombe, situé à deux kilomètres de Tournai, dépend de la paroisse de Kain et faisait autrefois partie du diocèse de Cambrai. L'origine du culte particulier que l'on y rend à la sainte Vierge nous est inconnue. Quant à la confrérie, elle a été instituée en 1609 par le pape Paul v, qui lui accorda de nombreuses indulgences. Les plus grands personnages tenaient à honneur d'y inscrire leurs noms. On a recueilli en deux volumes la relation des miracles opérés par l'intercession de N.-D. de la Tombe. L'un d'eux a été canoniquement reconnue par Vander Burck, archevêque de Cambrai, en 1618. Espérons qu'un jour ce pèlerinage, autrefois un des plus célèbres de la Flandre, sera rétabli.

VII

PROCESSION GÉNÉRALE DU JUBILÉ.

En écrivant le titre de cette partie de notre travail, nous éprouvons un grand embarras. Depuis la première page de ce livre, nous ne faisons, pour ainsi dire, que décrire des solennités, des pompes majestueuses, et il nous faut décrire une pompe, une solennité dont toutes celles qui l'ont précédée n'étaient que les préludes, n'étaient pas même une ombre [1]; une marche triomphale qui compta dans ses rangs près de huit mille personnes et dont le défilé dura cinq quarts-d'heure. Comment décrire tous ces groupes avec leur variété et leur richesse, les montrer s'amenant les uns les autres, ou formant entre eux de frappants contrastes ? Et ces dix-huit corps de musique harmonieuse qui semblaient s'interroger de loin, se répondre, s'exciter mutuellement, ne se taire que pour laisser les jeunes gens, les jeunes vierges dont ils

[1] « J'ai long-temps habité Rome en qualité de premier secrétaire d'ambassade, je n'y ai rien vu qui égalât ce que j'ai vu à Lille. » (Paroles de l'ambassadeur d'Espagne).

animaient les accents, redire à leur tour des cantiques sacrés en l'honneur de la Mère de Dieu? Il est des scènes, des spectacles que la langue est toujours impuissante à raconter, comme la plume et le pinceau sont impuissants à les reproduire. La procession du Jubilé séculaire de N.-D. de la Treille est de cette nature; et, dans l'hypothèse où nous serions assez heureux pour savoir décrire quelque partie principale de ce cortège, nous ne pourrions jamais parvenir à en montrer les nuances qui donnaient à chacune d'elles un éclat particulier, et surtout à faire comprendre la régularité de leur marche, la précision presque mathématique de leur ensemble. Néanmoins, pour la gloire de la Religion qui a inspiré toutes ces grandes choses et de l'auguste Reine qui en fut l'objet, essayons d'entreprendre cette tâche.

Et d'abord, considérons le cadre qui doit entourer ces magnificences, parcourons les rues de la ville à midi, à une heure, à travers cette foule dont les rues regorgent et qui s'accroît sans cesse. Quel spectacle! Jamais une cité n'a offert un coup-d'œil plus animé, plus brillant. Ces milliers d'oriflammes de toutes couleurs, de toutes dimensions, de toutes formes, qui s'agitent, montent, descendent, s'enlacent; les unes simples, les autres chargées d'images, d'étoiles, d'inscriptions, de fleurs, que l'on retrouve partout, chez les pauvres, chez les riches, dans toutes les rues, nous présentent une de ces manifestations que la Religion seule peut faire naître. Ces oriflammes ne sont pas les seuls ornements qui décorent la *cité de la Vierge*, transformée aujourd'hui en un temple immense : ici ce sont des roses ou des lis qui, sur une draperie blanche, décrivent le chiffre de Marie, ou des invocations vers elle ; là, ce sont des inscriptions tirées de la sainte Ecriture ou dictées par une confiance et un amour filial ; ailleurs, c'est une Madone placée dans une niche de fleurs ou surmontée d'une couronne, au milieu de guirlandes qui s'étendent, du rez-de-chaussée à la toiture. La façade de la maison du bourgeois rivalise avec celle des brillants hôtels de la rue Royale. Chez les uns éclatent la grace, le goût délicat qui dénotent la piété de la jeune fille ; chez les autres bouffent d'amples et riches draperies qu'a tendues le tapissier à qui l'on a dit, dans les transports de la foi : « Faites quelque chose de beau, nous ne nous inquiétons pas du prix. » L'entrée de la préfecture simule le portique d'un temple avec ses colonnes et ses arcades blanches et bleues, que surmonte le drapeau de la patrie. Des maisons sont ornées d'armoiries épiscopales sur fond de couleur rouge, violet, azur : ce sont celles qui ont l'honneur de donner l'hospitalité aux évêques, et ces armoiries, ces couleurs, sont les couleurs et les armoiries de leurs illustres hôtes. Mais il faut aller voir dans la rue de Thionville, une décoration qui, par sa richesse, l'emporte sur toutes les autres. Sur une toile de vingt-cinq mètres carrés est représentée la Trinité adorable, contemplant avec complaisance la Vierge Marie, qui, placée sur un trône d'or, est entourée d'une légion d'anges exaltant sa grandeur. Au premier plan, d'un côté, le mayeur Jean Levasseur, à la tête des échevins, tous agenouillés, offre à la Mère de Dieu les clefs de la ville, tandis que de l'autre côté la ville elle-même, personnifiée sous les traits d'une femme aux formes vigoureuses, entourée de la Foi, de l'Espérance et de la Charité, ratifie l'offrande présentée en son nom par son pieux magistrat. Cette composition, conçue et exécutée par M. Brébar, peintre décorateur, est complétée par l'histoire du culte de N.-D. de la Treille, au moyen d'écussons portant les armoiries ou les noms des personnages qui ont contribué à son développement. M. Du Bosquiel, qui a commandé ce grand travail et qui en a fait couvrir la façade de son hôtel, est un vieillard mourant. Quelques jours avant la fête, il dit à sa famille : « Je veux que cette décoration soit placée et je veux qu'elle soit illuminée le soir du jour de la procession, lors même que, ce jour-là, Dieu aurait disposé de moi. »

Outre ces décorations particulières il y a encore les décorations collectives qui, dans la plupart des rues, relient toutes les maisons entre elles. Ces immenses lignes de draperies aux mêmes festons, aux mêmes couleurs, que nulle autorité n'a commandées, et auxquels tous indistinctement ont contribué, disent éloquemment que le culte de Marie a dissipé les dissensions, les rivalités, les différences d'opinions et de partis ; que tous sont unis dans les mêmes sentiments, et ne font qu'un cœur et qu'une âme. La rue de la Grande-Chaussée se distingue par une profusion de guirlandes qui, se croisant d'un côté de la rue à l'autre, forment comme une treille de verdure et de fleurs. La rue Esquermoise a élevé, au niveau de ses toits, des dômes aux longs rideaux, qui semblent vouloir offrir à N.-D. de la Treille un royal abri sur tous les lieux de son passage, tandis que les invocations de ses litanies, disséminées au-dessus de la porte de chaque demeure, lui font entendre les prières de ses enfants qui, tous ensemble, proclament, sous tous les titres, sa bonté et ses grandeurs.

Mais, revenons à l'église jubilaire, pendant que, d'après les ordres de M. le commandant de la place, les troupes s'échelonnent sur le parcours de la procession. Il est une heure et demie : la pluie tombe encore !.... Mais la confiance des Lillois est trop grande pour que la procession n'ait pas lieu, et les maîtres des cérémonies sont à leur poste dans les rues adjacentes à l'église, où elle doit s'organiser. De tous côtés arrivent les corps de musique, les groupes de jeunes filles, les religieux, les religieuses, les prêtres en chape de velours et d'or, escortant les châsses qui renferment les reliques des saints. Et la pluie revient encore !..... Confiance ! du haut de la chaire de Saint-Maurice, l'évêque de Nevers a assuré hier, au nom de la sainte Vierge, que le temps serait beau... et tous se rangent aux lieux qui leur sont indiqués par le programme. Autour de la châsse de N.-D. de la Treille, qui a été posée dans le fond de la place Sainte-Catherine, viennent se ranger les trente-six prêtres, revêtus de dalmatiques d'or, qui doivent la porter, les douze choristes en chapes toutes semblables et en cannes de chœur dorées, ainsi qu'un grand nombre de prêtres également parés des ornements

LES ÉVÊQUES ET LE CLERGÉ
au moment du Départ de la Procession, Place S.te Catherine.
(D'après la Photog.ie de M. Blanquart-Evrard)

les plus riches, et une quantité de chanoines aux mosettes diverses, représentant un nombre considérable de diocèses. Parmi eux on remarque le curé catholique de la ville d'Athènes.

Il est deux heures et demie. Les trois cloches de Ste-Catherine prennent leur volée pour donner le signal à toutes celles de la ville; le canon des remparts leur répond, et, au même instant, la nue se déchire, un magnifique rayon de soleil vient luire sur la châsse de N.-D. de la Treille pour la saluer, et annoncer à la ville de Lille que le ciel sourit à ses vœux. Ne nous arrêtons pas à dire l'émotion qui, à cette vue, remplit tous les cœurs, émotion qui, chez le peuple, se trahit hautement par ces paroles : *Notre-Dame de la Treille a fait son miracle!* Empressons-nous de considérer le charmant tableau qu'offre aux regards l'aspect de la place Ste-Catherine, où douze évêques, dont un cardinal, en habits pontificaux, accompagnés de leurs grands-vicaires et suivis des autorités, sont venus se joindre aux membres du clergé. Devant cette imposante assemblée, la procession tout entière va se dérouler, en saluant Celle à laquelle sont dédiées toutes ces magnificences.

Elle arrive en passant devant le grand portail de l'église, où les musiques et les chœurs de chant doivent commencer à faire entendre leurs harmonies; elle est attendue par deux brigades de gendarmerie, dont les chevaux piaffent dans la rue Royale, et la musique du 8° hussards, également à cheval, qui doivent la précéder. La voilà !

En tête se déploient quatre bannières de drap d'argent brodé d'or, œuvres d'art et de patience d'une société de dames ; chacune d'elles porte pour inscription un des quatre faits principaux de l'histoire du culte de N.-D. de la Treille, savoir : *Institution de la confrérie*, 1254. *Institution de la procession*, 1269. *Jubilé séculaire de* 1754. *Jubilé séculaire de* 1854. Elles sont soutenues par de jeunes personnes dont la robe virginale est recouverte d'un manteau d'argent bordé d'une délicate guirlande de fleurs. Ces quatre bannières ne sont que l'escorte d'une cinquième, plus riche encore, ornée de grands panaches blancs et dont la porteuse est revêtue d'un manteau d'or. Cette dernière bannière, un des monuments du Jubilé, est destinée à rappeler celle que le magistrat offrit à la collégiale de St-Pierre, lorsque la ville se consacra à N.-D. de la Treille, en 1634. Sur sa face principale, on voit l'image de Lille, agenouillée au milieu des attributs du commerce, de l'industrie, de la guerre et des beaux arts, offrant les clefs de la cité à N.-D. de la Treille, dont l'image, brodée en or, est placée au sommet. Au revers se lit l'inscription tirée des livres saints et adoptée à cette époque : *Dicet habitator Insulæ hujus : Hæc est spes nostra.*

Immédiatement après, viennent les six paroisses de Lille, qui forment la première partie du cortège. St-André ouvre la marche. Après la croix et les acolytes, se balancent les bannières des huit principales rues de la paroisse ; puis celle du patron qui précède la statue du même saint. De jeunes garçons l'entourent, tenant en mains des palmes, symbole du martyre du frère de saint Pierre ; d'autres suivent, fiers de tenir les rubans de l'étendard, à l'ombre duquel ils se réunissent pour persévérer, après la première communion, dans la pratique de la foi et des vertus chrétiennes. La bannière du Saint-Sacrement, toute couverte d'or, précède un orphelinat dont les membres portent des oriflammes sur lesquelles sont brodées les invocations des litanies de la sainte Vierge. Viennent ensuite les jeunes filles du Catéchisme de persévérance, marchant aussi à la suite de leur bannière, signe de leur union dans l'imitation des vertus de la divine Mère dont elles chantent les louanges. Puis, c'est l'institution des Sourdes-muettes, tenue par les Filles de la Sagesse. Pauvres enfants, elles ne peuvent mêler leur voix à celles du groupe qui les précède ; mais leurs jolies oriflammes de soie blanche, que domine l'étendard de la Reine des anges, traduisent les sentiments de leurs cœurs pour Celle dont leurs pieuses institutrices leur ont appris à connaître le nom et l'amour. Les élèves du pensionnat tenu par les Dames Franciscaines ont choisi, pour orner leurs rangs, les noms des neuf chœurs d'anges qu'elles ont brodés sur les longues bandes de soie écarlate qui flottent au-dessus de leurs têtes, et celles des Filles de l'Enfant-Jésus ont tressé des guirlandes pour diaprer leurs rangs et donner ainsi un éclat plus brillant au large carré qu'elles forment.

La blancheur des robes qui parent toutes ces jeunes filles, se marie à l'azur soyeux de l'écharpe des unes, de la ceinture et du manteau des autres. Les couronnes qui ceignent leurs fronts affectent même cette nuance qui leur a été assignée et qu'elles préfèrent à celles adoptées par les autres paroisses. Un second caractère distingue encore ces divers groupes : tous sont ornés d'étoiles ; en voici même un composé de jeunes enfants réunis dans une grande étoile de fleurs : le groupe qui le suit donne l'explication de cet ornement, réservé à la paroisse de St-André.

Saluons l'emblème de Celle dont l'apparition sur la terre a annoncé le lever prochain du Soleil de Justice, et qui pour cette raison est appelée par l'Eglise du nom d'*Etoile du matin*. Cet emblème réprésente un ange en pied, placé sur un globe, et montrant au-dessus de sa tête une étoile étincelante dont les rayons d'or divergeants enveloppent, dans leur partie inférieure, la sphère sur laquelle brille le nom de la France. Il est porté par douze jeunes personnes en manteaux azur brodés d'or, qui sont elles-mêmes entourées de compagnes revêtues de robes constellées d'or et le front ceint d'un diadème d'étoiles. A l'entour flottent de longues banderolles de soie sur lesquelles on lit : *Une Etoile s'élevera de Jacob.* — *Elle brille comme l'étoile du matin au milieu d'un nuage.* — *Regardez l'Etoile, invoquez Marie.* — *Salut, Etoile de la mer.*

La musique de la commune de Fives annonce la paroisse de Saint-Maurice[1], qui a adopté la couleur rouge. Cette

---

[1] D'après les prescriptions du programme, la paroisse de la Madeleine devait marcher après celle de Saint-André ; mais retenue par la pluie, elle n'est arrivée aux lieux où la procession s'organisait, que lorsque celle-ci était déjà en marche ;

CHAPITRE VII. 145

couleur relève non-seulement les huit bannières de velours sur lesquelles sont les noms des rues de la paroisse, mais encore les manteaux des jeunes filles qui les soutiennent. Derrière celles-ci s'avance la bannière du patron, tout étincelante de broderies ; puis les demoiselles du Catéchisme de persévérance, qui la séparent de celle de la confrérie du Saint-Sacrement beaucoup plus riche encore. Laissons passer ces enfants couronnées de roses, ornées d'écharpes de soie, qui tiennent des guidons dédiés aux trois vertus théologales ; écoutons les accents du chœur de cantiques qu'amène la bannière d'argent de la Vierge immaculée, dont la vie sainte et mystérieuse est retracée sur quinze oriflammes de diverses nuances, du plus agréable effet.

Regardez le labarum d'or qui donne la victoire aux armées chrétiennes ; il est bien à sa place devant la châsse antique qui, dans un trophée d'or, porte une relique de saint Maurice, et, dans son couronnement, le buste en argent de cet illustre chef de la Légion Thébéenne. Cette châsse est portée sur les épaules des sapeurs de la compagnie des pompiers lillois, qui ont demandé que cet honneur leur fût dévolu. Ce sont encore des uniformes militaires que l'on voit sous le poids du signe symbolique qui s'avance, et qui ferme la marche du cortège paroissial.

La *Tour de David*, tel est l'emblème sous lequel l'église dont le patron est aussi le patron des soldats de la France, montre la Vierge puissante toujours propice aux chrétiens qui implorent son secours au moment du danger.

il en a été de même de Saint-Etienne. La Madeleine, Saint-Maurice et Saint-Étienne ont pris place après Sainte-Catherine.

Sous les créneaux de cette tour, à la blancheur d'ivoire, haute de cinq mètres, dont les pierres sont liées entr'elles par un ciment d'or, et au sommet de laquelle brille dans une gloire le chiffre de Marie, sont quatre écussons présentant ces inscriptions tirées des Livres saints : *Elle a brisé la tête du serpent.— Elle est forte comme une armée rangée en bataille. — Elle renferme l'armure des guerriers. — Seule elle a confondu toutes les erreurs du monde.* Des rubans rouges descendent de ces écussons et viennent s'attacher au bras de jeunes garçons portant des boucliers d'or. Sur ces boucliers, on lit les noms des batailles célèbres dont la Flandre a été le théâtre, avant ou après lesquelles la Sainte Vierge a été invoquée; ce sont : *Siège de Lille en* 1304[1]; *Mons-en-Puelle*[2]: *Bouvisnes*[3]; *Rosebèque*[4]; *Délivrance de Cambrai*[5]; *Siège de Lille en* 1708[6] ; *Fontenoy*[7]; *Bombardement de Lille en* 1792[8].

[1] Lors de ce siège mémorable, les Lillois portèrent sur les remparts l'image de la sainte Vierge, décorée du titre de N.-D. de la Victoire.

[2] Après la bataille de Mons-en-Pewèle, fut érigée à Bruges une chapelle en l'honneur de Marie, et chaque année les dames de cette ville y offrent encore un cierge en mémoire de ce fait d'armes.

[3] On sait la conduite de Philippe-Auguste à Bouvines.

[4] A son retour de Rosebèque, le jeune vainqueur Charles VI offrit à N.-D. de Cambrai les trophées de sa victoire.

[5] Deux fois les Cambrésiens ont attribué leur délivrance à l'intercession de N.-D. de Grace, qu'ils avaient pieusement invoquée pendant le siège.

[6] Pendant ce siège, les magistrats de Lille firent un vœu solennel à N.-D. de la Treille de faire une procession solennelle, si cette ville était délivrée du pillage.

[7] Partant pour la campagne de Flandre, Louis XV vint à Cambrai où il pria devant l'image de N.-D. de Grace pour le succès de ses armes.

[8] Le premier jour du bombardement les fidèles Lillois commencèrent une neuvaine à N.-D. de la Treille.

Plus étendue que ses sœurs qui la précèdent, la procession de la Madeleine n'est ni moins brillante ni moins riche, et la couleur rose qu'elle a adoptée, donne à la plupart de ses groupes un caractère qui n'appartient qu'à elle. La musique de Lomme lui prête le charme de sa voix, conjointement avec le chœur de cantiques qui chante les louanges de la Reine des vierges, dont la sainte image flotte au-dessus de la tête des jeunes personnes qui le composent. Après le corps de musique se présente la bannière de la patronne ; puis celle de Saint-Joseph entourée de jeunes garçons ; celle du Sacré-Cœur, confiée aux élèves de l'Ecole mutuelle, et puis encore celle de Sainte-Philomène, qu'ont la gloire de tenir les élèves du pensionnat de Melle M***. Ce n'est pas tout : derrière le chœur de cantiques s'avancent les élèves des sœurs de l'Enfant-Jésus ; les externes forment les neuf chœurs des anges, et les gonfalons des pensionnaires rappellent les douleurs et les gloires de la Mère de Dieu. Les statues qui suivent sont celles de Saint-Eubert second patron de la ville de Lille, et de la patronne de la paroisse.

Voici les admirables bannières des Sacrements, portées par des demoiselles richement vêtues ; elles précèdent l'emblème qui a fourni à la procession de la Madeleine son cachet spécial. Cet emblème est la *Rose mystique*. Des arabesques découpées par le ciseau du sculpteur et unies au point central se tiennent comme pour composer un léger piédestal en forme de carré ouvert. Du milieu de sa partie supérieure sort une gloire surmontée d'une rose, de grande proportion, dans laquelle est l'image de Marie ; de chaque côté s'élancent des anges offrant à la Mère du bel amour des branches de la fleur symbole de la pureté ; et des guirlandes de roses, répandues en abondance sur cette décoration et sur son entourage, la complètent en l'enrichissant de gracieux détails. Ces guirlandes se trouvent à la base du piédestal qu'elles enlacent de leurs rinceaux, sous les pieds des anges qui semblent ne se tenir que sur elles, et autour du disque dont elles arrêtent les rayons. Elles se retrouvent encore sur les fronts et aux volants de la robe des dix jeunes personnes qui soutiennent ce charmant édifice, et jusque sur les légères banderolles qui voltigent à l'entour, ornées de ces inscriptions bibliques : *Nous courons à l'odeur de vos parfums. — Elle est semblable à un plant de roses. — Elle est la Rose vermeille plantée sur la rive des eaux. — Elle est belle comme un jardin de roses aux jours du printemps.*

Voici la musique de Wambrechies en tête de la paroisse de Saint-Sauveur. *Heureux les pauvres...! Heureux ceux qui pleurent...! Heureux ceux qui souffrent...!* Telles sont les inscriptions que nous lisons sur les premières bannières qui se présentent, et nous disons : c'est une bonne pensée de rappeler en tête de la procession de la paroisse qui ne compte pour ainsi dire que des pauvres parmi ses enfants, ces paroles simples et sublimes du Sauveur. Les huit béatitudes sont brodées en lettres d'or sur autant de bannières au bas desquelles on lit les noms des rues qui les ont offertes. La couleur de ces bannières, ainsi que des écharpes des jeunes personnes qui les tiennent est le violet. Saint-Sauveur est, après Saint-André, la paroisse qui a le mieux su se donner un cachet spécial par la couleur des vêtements qui parent ses jeunes vierges. Cette couleur se retrouve chez celles qui portent les bannières du Saint-Sacrement et du Saint-Cœur de Marie que nous voyons se succéder ; elle orne la ceinture des demoiselles du Catéchisme de persévérance, qui forment un groupe nombreux, et s'étend sur la robe des orphelines plus nombreuses encore qu'a adoptées Melle ***, et qui sont tout heureuses de marcher avec la belle bannière que leur maîtresse a brodée de ses mains.

Les élèves des Dames Franciscaines, précédées d'une croix triomphante, préparent la voie à l'emblême qui nous montre Marie nous ouvrant le ciel par la naissance de son Enfant divin. Au milieu d'un nuage d'or ressortent de hautes tiges de lis, qui sont comme les parois d'une porte mystérieuse formée par une gaze d'or sur laquelle s'étend une croix lumineuse surmontée à son tour d'une gloire parsemée d'étoiles, et ayant pour point central le nom de Marie. *La Porte du ciel* est portée par huit jeunes personnes en larges écharpes, et entourée par d'autres qui tiennent des banderolles sur lesquelles on lit : *Elle est la Porte du Seigneur. — C'est par elle que les justes entreront. — C'est véritablement la porte qui conduit au ciel. — Elle nous a ouvert la porte des cieux.*

Après la paroisse de Saint-Sauveur vient celle de Sainte-Catherine, dont le premier ornement est la musique d'Esquermes. Sa belle croix de vermeil s'harmonie avec les bannières de ses rues au nombre de douze, ayant toutes l'éclat qui doit garnir la parure de ses jeunes vierges : elles sont en drap d'or. Cette bannière blanche qui les suit, et sur laquelle des arabesques relevées d'or entourent l'image de la patronne, guide la marche du beau pensionnat de Melle B***. Ce reliquaire que des jeunes gens entourent ou soutiennent sur leurs épaules avec une sorte de pieuse fierté, renferme un ossement de saint Louis de Gonzague, précieux trésor pour le Catéchisme de persévérance. Tous les yeux se portent vers de délicates guirlandes de fleurs composant un saint nom de Marie, surmonté d'une couronne d'or et encadré dans des cornes d'abondance d'où des fleurs des champs s'échappent, se façonnant en une sorte de légers rubans, pour tomber entre les mains des vierges voilées qui l'environnent et qui, ainsi que les porteuses, sont revêtues d'un manteau d'or; des chants se font entendre autour de ce chef-d'œuvre de goût, qui sert d'étendard au chœur de cantiques de N.-D. de la Treille, et que suit une châsse renfermant une relique appartenant à la même congrégation.

Voici un autre groupe qui attire tous les regards : c'est le pensionnat des Dames du Bon-Pasteur. Ici les jeunes filles sont en robes et en voiles brodés d'or; dix d'entr'elles portent une statue du Sauveur du monde ramenant la brebis égarée. Aux quatre angles du bran-

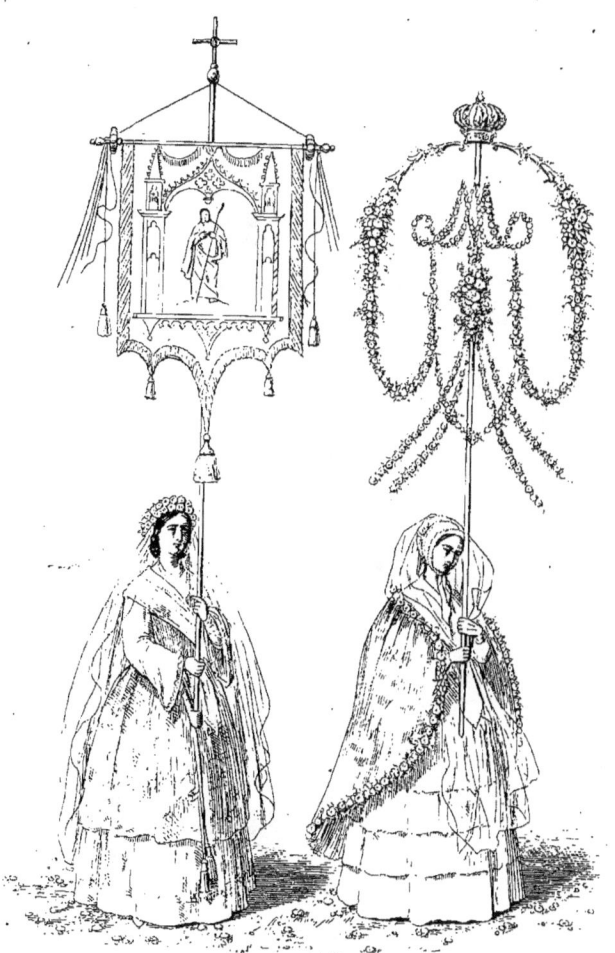

Jeune fille du Pensionnat du Bon Pasteur

Jeune Fille du Chœur de Cantiques de Notre Dame de la Treille

Ed. Bold. lith

Lith. de Bolduduc fr à Lille

CHAPITRE VII. 151

card se dressent, du centre de quatre urnes d'or, des colonnes à jour qui soutiennent une sorte de dais terminé par un large panache ouvert. On dirait que cette espèce d'édifice, dans la construction duquel ne sont entrées que des plumes d'une blancheur de neige, est soutenu par des mains invisibles : il se balance avec grace et légèreté, et semble vouloir s'affaisser sur lui-même, pour se relever avec plus de grace encore.

Les deux groupes qui viennent après le Bon-Pasteur sont les demoiselles du Catéchisme de persévérance. Les plus jeunes soutiennent une châsse dorée contenant une insigne relique d'une jeune martyre de leur âge, sainte Rufine, tandis que les aînées portent la statue de sainte Catherine, précédée de ses attributs placés sur des coussinets brodés d'or. Parmi elles, celles qui se voient privées de l'honneur de supporter ce saint fardeau tiennent, les unes la couronne réservée aux vierges, les autres la palme du martyre. Enfin, devant l'emblème que nous voyons s'élever avec majesté, le pensionnat de Melle V*** est chargé d'un reliquaire contenant une parcelle du voile de la sainte Vierge.

L'emblème représente l'*Arche d'alliance*, qui, chez les Hébreux, préfigurait Celle qui devait contenir l'Auteur de la loi lui-même. Sur cette arche d'or sont les deux chérubins décrits par les saints Livres; ils se regardent l'un l'autre et semblent s'expliquer mutuellement le signe mystérieux sur lequel ils sont placés. Le premier étend sa main vers l'habitacle du livre de la loi; tandis que le second montre à celui-ci le nom de Marie, qui, au milieu de rayons d'or, forme le couronnement de l'ensemble. Cet emblème est porté par de pieux jeunes gens en costume de lévites : robe de lin, ceinture d'or, et un cercle d'or sur le front ; d'autres tiennent, à l'entour des harpes, des trompettes et les vases qui servaient aux sacrifices anciens.

De nouvelles harmonies se font entendre : ce sont celles de la musique de Bondues qui ouvre les rangs de la paroisse de Saint-Etienne. La richesse d'ornementation que porte avec elle cette partie du cortège empêche de regretter de ne pas la voir parée exclusivement des couleurs blanc et argent que lui a assignées le programme. La bannière du patron, qui relève par sa richesse les légères bannières des rues de la paroisse, amène après elle celles du Saint-Sacrement et du Sacré-Cœur, qui marchent de front, et dont le velours rouge rehaussé d'or forme sur l'ensemble une ligne tranchante d'un admirable effet.

Cinq groupes nombreux de demoiselles, ici aux couronnes de roses, là aux larges écharpes de soie, plus loin aux manteaux flottants, sont guidés l'un par la bannière de la Sainte-Trinité, l'autre par celle de Sainte-Catherine ou de N.-D. de Lorette, ou bien encore ces jeunes vierges se serrent autour de l'étendard de Marie, aux vertus de laquelle elles se forment dans la congrégation de la persévérance.

Après avoir vu passer ces pieux essaims, courbons le front devant cette châsse que surmonte le buste en

Châsse de la Vraie Croix.
(St Etienne)

Châsse de St Vincent de Paul.
(Lille)

Lith. de Boldoduc frères à Lille

argent de saint Étienne, et qu'entourent des jeunes gens tenant des palmes ou des guidons, sur lesquels le pinceau a retracé les traits principaux de la vie du jeune diacre, qui le premier mérita l'honneur de verser son sang pour rendre témoignage au Rédempteur du monde : la châsse contient un fragment de ses ossements sacrés.

Ce monument de forme romane, que l'on dirait être couvert de riches émaux, et que vous apercevez sur les épaules de dix demoiselles en manteaux azur, représente le *Trône de la Sagesse éternelle*, figure emblématique de Marie, dans le sein et les bras de laquelle le Dieu des sciences a daigné se reposer. Le nom de cette aimable Mère surmonte ce symbole qui la désigne, et sur le siège brillent un sceptre et une couronne d'or, attributs de son royal et divin Enfant.

Ici la procession prend une nouvelle face. En passant devant nous, riche de la beauté que lui ont prêtée les églises paroissiales, la Religion nous a apparu comme une tendre mère conduisant, par des chaînes de fleurs et de soie, ses jeunes enfants qu'elle forme au bonheur en leur apprenant à aimer la reine des vertus ; la voici, maintenant, dans sa charité agissante ; la voici dans les œuvres qu'elle a fondées, dans les pauvres qu'elle protège et qu'elle nourrit, dans les hommes généreux dont elle enflamme le cœur, dans les saintes filles qui prient et consolent, dans les ouvriers apostoliques qui propagent ses doctrines civilisatrices. Ici, point de parures : presque tout est grave et sévère. A cette seconde partie du cortège, on peut appliquer cette parole de David : *Toute sa beauté est dans son cœur!*

Les tambours et la musique du 6ᵉ régiment d'infanterie légère sont en tête des hospices de Lille. L'hôpital-général est représenté par environ deux cents de ses pensionnaires, précédés de la bannière de Saint-Vincent de Paul. Ce sont d'abord les orphelines chantant des chœurs et portant au milieu d'elles le don qu'une main charitable leur a fait, une des plus riches bannières de la ville de Lille, représentant la divine Mère des enfants qui n'en ont plus ; puis ce sont les femmes, ensuite les orphelins, enfin les hommes. Derrière eux marchent les pensionnaires de l'hospice *Comtesse*, anciens bourgeois et marchands qui ont vu autrefois la fortune leur sourire ; les filles de l'hospice *Stappaert*, dont on aime à entendre les voix pures et dont la modestie surpasse encore celle de la robe qui les revêt ; les orphelines de la maison de la Providence, dite de *Sœur-Sophie*, tenant les unes des corbeilles, les autres des cornes d'abondance remplies de fleurs qu'elles ont fait éclore sous leurs doigts, pour le triomphe de leur Mère.

Voyez ces types de l'infortune à qui la Religion a appris à changer la douleur en joie : les sourds-muets et les jeunes aveugles de la maison de Fives. Regardez les premiers, dont la bannière représente le Sauveur guérissant un malheureux affligé de l'infirmité dont ils souffrent : leurs bras s'agitent, leurs mains décrivent des signes de mille genres ; ils expriment à leur manière la prière que récite leur cœur, pendant que les seconds chantent d'harmonieux cantiques au son des instruments que font résonner leurs camarades, frappés comme eux de cécité.

Deux cents élèves des Frères des Ecoles chrétiennes, revêtus de justaucorps de diverses couleurs, tiennent des oriflammes rappelant celles que les Lillois portaient autrefois pour assister aux processions de N.-D. de la Treille. Douze d'entre eux, couverts de la robe rouge et de l'aube brodée des enfants de chœur, entourent la belle bannière dont un homme généreux a récompensé leurs travaux et leur piété.

La musique qui survient ensuite est composée d'ouvriers du tissage de Marquette : l'établissement modèle de MM. Jules Scrive et Dansette. Elle précède les députations des divers corps de métiers que l'on reconnaît aux insignes chargés des armoiries des anciennes maîtrises de Flandre.

Voyez-vous ces bannières qui affectent des formes chinoises et qui entourent une charmante statue de Jésus enfant? Les jeunes garçons à qui elles appartiennent sont déjà des apôtres. Ce sont les représentants de l'œuvre dite de la Sainte-Enfance, pour le salut des enfants de la Chine, que nos missionnaires et nos sœurs de charité vont, dans ce pays lointain, disputer à la voracité des chiens et aux eaux du fleuve. L'œuvre de Saint-Louis de Gonzague, composée des adolescents qui s'unissent pour s'amuser chrétiennement le dimanche et se prémunir contre les mauvaises sociétés, suit l'œuvre de la Sainte-Enfance. Les élèves du Lycée indiquent l'œuvre de l'instruction de la jeunesse, et les accords de leur musique s'alternent avec les hymnes et les cantiques du Patronage des jeunes apprentis, qui viennent immédiatement après. Puis, ce sont les œuvres de Saint-François-Xavier, pour l'éducation des ouvriers adultes ; de la Sainte-Famille, pour l'entretien de la paix et des pratiques religieuses dans les ménages ; enfin, de Saint-Joseph, dont nous avons déjà admiré le chœur musical et la piété pendant la semaine du Jubilé, au salut du lundi soir.

Ce groupe composé de près de quatre cents hommes, dont plusieurs sont décorés du ruban de la légion d'honneur, est la société de Saint-Vincent de Paul. Artistes, hommes de lettres, de lois, de négoce, anciens militaires, marchent confondus sous la bannière de la Charité qui les a réunis. A leur tête, brille la châsse de leur patron, que l'ancien officier supérieur, le noble comte et le magistrat se disputent l'honneur de porter ; tous sont heureux de marcher sur les traces de ce saint illustre, en continuant son œuvre de bienfaisance et de civilisation chrétienne. Une société moins nombreuse, mais non moins intéressante, se confond en quelque sorte avec celle-ci : société unique dans la contrée, elle se dévoue à l'inhumation des morts dans la petite ville de La Bassée. Son origine remonte au temps du moyen-âge ; ses membres, qui ne sont que quinze, s'appellent du nom de *Charitables*, et portent le grand manteau traditionnel ainsi que la baguette blanche que prenaient autrefois, dans les épidémies, ceux qui soignaient ou qui inhumaient les pestiférés.

Découvrez vos fronts, voici les anges de la terre ; voici les épouses de l'Agneau de Dieu, celles dont le nom est béni de tous, parce qu'elles ont quitté le monde pour n'avoir plus à s'occuper, chacune de leur côté, que du bonheur de tous. Saluez les Tourières du Bon-Pasteur, dans la maison desquelles on rend à la vertu les malheureuses créatures que le vice a dégradées ; les Petites-Sœurs des Pauvres, qui trouvent leur bonheur à vivre au sein de la misère pour l'alléger ; les Filles de la Sagesse, ces mères des petits enfants dans les salles d'asile ; les Franciscaines, qui forment à la science et à la vertu la fille de l'honnête bourgeois ; les Sœurs de Bon-Secours, qui vont à domicile veiller au chevet des malades ; les Filles de l'Enfant-Jésus, qui se répandent dans les campagnes pour instruire les jeunes filles : en grand costume de chœur, elles ont une couronne d'épines sur le front et une croix de bois sur l'épaule ; les Filles de la Charité de Saint-Vincent de Paul, que l'univers connaît, aime et admire ; les Augustines, qui, dans les hôpitaux, bravant les miasmes impurs, sont les sœurs et les mères des malheureux ; enfin les Sœurs de Notre-Dame de la Treille, congrégation nouvelle dont Lille s'est enrichie naguères, que le Saint-Père a bénie, et qui se charge du soin des malades.

Ces vierges, au long voile noir, à la ceinture de cuir, aux vêtements d'étoffe grossière, toutes différentes les unes des autres, mais toutes prêchant l'innocence, le détachement de la terre, la charité et la pénitence, sont au nombre de plus de trois cents. Sur leur passage on reste muet d'attendrissement et bien des yeux versent des larmes.

La religion présente encore d'autres personnages à la vénération des hommes : elle n'a pas seulement donné des mères aux orphelins, des sœurs à ceux qui souffrent, préparé des consolatrices à toutes les douleurs qui affligent l'humanité : voici les frères et les pères des malheureux. Ce sont les Frères Maristes de Beaucamps, qui élèvent, dans la crainte du Seigneur les enfants de nos campagnes ; les Frères de Saint-Gabriel, qui rendent en quelque sorte la vue aux aveugles, l'ouïe aux sourds, la parole aux muets ; les enfants du bienheureux de La Salle, ces *chers frères* des enfants de nos villes, qu'ils forment, avec un dévouement de tous les jours, aux vertus qui font l'ouvrier laborieux, l'honnête père de famille et le bon chrétien ; ils portent dans leurs rangs une grande statue représentant le Sauveur sous un palmier appelant à lui les petits enfants. Voici encore les Bénédictins anglais, qui, depuis trois siècles, ont à Douai un collège d'où sont sortis les hommes qui ont sauvé la foi catholique dans leur patrie ; les PP. de la Compagnie de Jésus, les descendants de ceux qui ont formé les hommes illustres du siècle de Louis XIV ; les Passionistes de Tournai, qui évangélisent les populations rurales ; enfin, les PP. Capucins d'Hazebrouck, dont le nom est cher au peuple qui se souvient d'avoir autrefois trouvé en eux des apôtres, des consolateurs et des amis. Ces religieux, marchant en groupe, et selon leur ordre, sont au nombre de plus de deux cents. Ils terminent la seconde partie de la procession.

Châsse de St Évrard,
(Cysoing)

Châsse de St Winoc,
(Bergues.)

Litho. de Boldoduc, Frères à Li...

CHAPITRE VII.

Il y a huit siècles, lorsqu'eut lieu à Lille la consécration de l'église où fut déposée l'image de Notre-Dame de la Treille, cette ville vit promener en grande pompe, dans l'enceinte bien étroite alors de ses murs, les reliques de tous les saints patrons du pays. C'est le souvenir de cette belle page historique que l'on a voulu rappeler dans la troisième partie de la procession. Mais, hélas! ces ossements sacrés, ces châsses d'or et d'argent que tant de siècles avaient respectés, qu'au jubilé séculaire précédent on eût pu voir et admirer encore, ont disparu : à peine quelques fragments de quelques-uns de ces saints corps ont échappé à la fureur de l'impiété. Ces faibles restes des hommes apostoliques qui ont civilisé nos pères ont été transportés à Lille, comme il y a huit cents ans, pour orner le triomphe de la Reine de tous les saints. Le cortège, formé par ces précieux débris des saints Everard, Winoc, Piat, Chrysole, Eleuthère et Marcel, va nous apparaître.

La première châsse qui s'avance, à la suite de la musique d'Haubourdin, est celle de St-Everard, noble comte qui vint des rives du Var fonder l'abbaye de Cysoing ; elle est portée par les élèves du pensionnat d'enseignement libre de St-Joseph, et suivie des prêtres placés à la tête de cet établissement, revêtus de chapes blanches aux fleurons d'or.

Les prêtres que vit naître la ville de Bergues se sont réunis pour entourer avec honneur la châsse de saint Winoc, leur patron. Cette châsse moderne, en argent ciselé, représente, sur ses quatre faces, divers épisodes de la vie du saint, dont le buste, de même métal, se fait remarquer à côté d'elle. Les enfants du saint abbé, heureux, soit de porter, soit d'entourer les reliques et l'image de leur père, se sont revêtus d'aubes, de dalmatiques et de chapes aux couleurs dont l'Eglise se pare pour honorer la mémoire des saints confesseurs [1].

La musique de Seclin a voulu accompagner la châsse dans laquelle ont été déposées, il y a six mois, les reliques du bienheureux apôtre saint Piat [2]. Ce joli chef-d'œuvre de sculpture est en bois et de style gothique. Des Seclinois, en écharpes rouges, le tiennent sur leurs épaules, et dix prêtres en chapes de velours, de la ville et du canton que ces reliques protègent, l'entourent comme d'une couronne de gloire.

Une société de demoiselles de Werwick, portant une magnifique bannière de la sainte Vierge, a réclamé l'honneur de précéder saint Chrysole, patron de la ville de Comines. Les restes de cet illustre martyr sont renfermés dans un coffret de bois recouvert de velours orné d'une riche broderie d'or. On remarque derrière eux le doyen

---

[1] Saint Winoc, issu de sang royal en Angleterre, vint, dans le septième siècle, avec quelques compagnons, établir à Wormhoudt un monastère destiné à donner l'hospitalité aux voyageurs. De cette maison où il mourut, son corps, lors de l'invasion des Danois, fut transporté au monastère de Saint-Bertin en Sithieu, et de là, sur les ordres de Baudouin le Chauve, comte de Flandre, dans la ville de Bergues. Depuis ce temps il fut considéré comme patron de cette ville, qui, toute heureuse de le posséder, prit le nom de Bergues-Saint-Winoc.

[2] Saint Piat est regardé comme le premier apôtre de la contrée : envoyé dans les Gaules dès les premiers temps du christianisme, par le successeur de saint Pierre, pour prêcher l'Evangile avec saint Denis et quelques compagnons, il souffrit le martyre à Tournai et fut inhumé à Seclin. Son corps était autrefois dans une châsse d'or et d'argent confectionnée par saint Eloi.

Châsse de S¹ Piat,
(Seclin)

Châsse de S¹ Chrysôle,
(Comines)

Châsse de St Eleuthère.
(Tournai)

Châsse de St Marcel,
(Haubmont)

Litho. de Boldoduc frères à Lille

de la paroisse, et deux chanoines de Cambrai, natifs de cette ville, revêtus, comme celui-ci, des insignes du chapitre métropolitain [1].

Le pensionnat de N.-D. de la Tombe, arrivé le matin pendant la messe cardinalice, déploie sa bannière et fait entendre les accords de ses instruments et de ses voix devant les reliques de saint Eleuthère. On regrette que ces reliques ne soient point contenues dans la magnifique châsse qui garnit un des côtés du maître-autel de la cathédrale de Tournai ; mais si le respect pour d'anciennes traditions ne permet pas de déplacer cet objet précieux, une des plus belles pièces d'orfèvrerie qu'ait construites le moyen-âge, on se console de cette privation en voyant le zèle avec lequel le clergé de ce diocèse, dont Lille faisait autrefois partie, concourt à l'éclat de la fête de N.-D. de la Treille. On le voit se presser autour de la modeste fierte qui a été disposée pour recevoir l'ossement vénérable confié pour un moment à la piété lilloise. Huit élèves du séminaire épiscopal de Tournai, en dalmatiques d'or, la soutiennent ; quatre riches drapeaux flottent à ses côtés, et une députation du chapitre diocésain l'accompagne [2].

Les reliques de saint Marcel, pape et martyr, suivent celles de saint Eleuthère. La brillante châsse de bronze doré qui contient le *feretrum* dans lequel elles sont renfermées, a été remise entre les mains des élèves de

[1] Saint Chrysole, presque contemporain de saint Piat, souffrit le martyre à Verlinghem et fut inhumé à Comines.
[2] Saint Eleuthère naquit à Tournai sous le règne de Clovis. Il fut choisi pour évêque de cette ville, où il convertit une multitude innombrable d'hommes au

l'établissement de Marcq, qui, sous l'impulsion de leurs maîtres, se sont montrés dignes du dépôt qu'ils étaient chargés de présenter à la procession. Leur bannière, dont les porteurs sont décorés d'un large ruban blanc, précède le pensionnat; douze d'entre eux, revêtus d'aubes, balancent des encensoirs de vermeil devant le corps du glorieux martyr, et huit prêtres, en dalmatiques de velours rouge, sont employés à soutenir le saint fardeau, que suivent les autres professeurs en chapes de même couleur et d'égale richesse [1].

A la suite des reliques des apôtres qui ont établi dans nos contrées l'empire de la Croix ou qui sont morts pour elle, paraît une relique de la Croix elle-même, bois précieux qui autrefois était vénéré dans la collégiale de Saint-Pierre et qui maintenant appartient à l'église St-Etienne. Placé dans un édicule d'architecture romane,

---

christianisme. Quoique mort des suites des blessures qu'il reçut des hérétiques, il n'est honoré que comme confesseur. La relique insigne de ce saint évêque, portée à la procession de Lille, appartenait autrefois à l'abbaye de Saint-Martin à Tournai.

[1] Saint Marcel mourut sous l'empire du tyran Maxence, qui le condamna à garder les bêtes féroces qui servaient aux jeux du cirque. Son église que le persécuteur avait transformée en écurie, porte encore son nom et est un des plus curieux monuments de Rome. Son corps fut donné en présent par le pape saint Martin à Dagobert, roi de France, qui, à son tour le donna à Vincent Maldegaire, un des princes de sa cour, honoré comme saint. Celui-ci en dota l'abbaye d'Hautmont près Maubeuge, qu'il fonda en 646. Cette relique, munie des authentiques les plus incontestables, est contenue dans un *feretrum* en bois de chêne; dépouillé, lors de la révolution de 1793, de sa châsse en vermeil, elle fut sauvée par la municipalité d'Hautmont, dont le sceau figure sur le parchemin qui en constate l'authenticité, à côté de ceux des principaux archevêques de Cambrai. Quelques personnes, ne voulant pas qu'elle retournât à Hautmont dépouillée des ornements avec lesquels elle avait paru à la procession, se cotisèrent, et firent présent à l'église de cette paroisse de la châsse qui avait servi à la contenir. Cette châsse avait été prêtée par M. Willensens, fabricant de bronzes à Paris.

Jeune personne
des Quinze Mystères du Rosaire

Dame d'honneur
de Notre-Dame de la Treille

de forme carrée et ouvert sur ses quatre faces, un ange agenouillé tient en ses mains le reliquaire auquel est adapté le fragment de l'arbre sur lequel expira le Sauveur du monde. Les prêtres de la congrégation de St-Charles ont été priés de produire ce monument au cortège ; et les élèves du collège de Tourcoing, dont ces prêtres ont la direction, n'ont rien négligé pour rendre magnifique cette partie de la procession. Ils sont là avec leur croix, leur bannière, leur musique et leurs chants ; vingt-quatre d'entre eux en vêtements lévitiques, et formant de gracieuses évolutions, répandent des flots d'encens, ou jettent des fleurs devant les pas des huit ecclésiastiques revêtus de dalmatiques rouges et portant le reliquaire qu'entourent les autres prêtres de la congrégation.

Voici venir la dernière partie de la procession, le cortège d'honneur de N.-D. de la Treille. La musique de Comines est chargée de le précéder. Viennent au premier rang les Dames de l'Adoration perpétuelle du Saint-Sacrement. Elles sont en robes de moire bleue, en mantilles de dentelle noire et en chapeaux blancs garnis d'une voilette. Chacune d'elles tient un des nombreux rubans qui pendent du haut de leur bannière portée par la comtesse de G***.

Ces dames sont suivies de cinq rangs de demoiselles vêtues d'une robe de soie blanche que recouvrent de légères gazes et un long voile garnis de dentelles d'or. Un large ruban crépiné d'or, en formant leur ceinture, tombe jusqu'au bas de leur robe, et au-dessus de leur tête, que ceint une riche couronne de fleurs blanches, flottent quinze légères oriflammes de moire blanche, violette et bleue, brodées d'or. Ces oriflammes sont attachées à autant de *labarum* chargés d'or qu'un artiste de talent a décorés de tableaux représentant les quinze mystères du Rosaire [1].

Ces groupes, dont la piété égale la richesse, sont comme les guides des députations portant les présents que les villes voisines offrent à N.-D. de la Treille. Nous avons vu ces députations entrer le matin à l'église; elles marchent dans le même ordre. C'est Tourcoing avec sa grande couronne de vermeil; Roubaix et Comines avec leurs cœurs d'argent enflammés; Douai avec son *ex-voto* traditionnel, ses armoiries. C'est encore Aire en Artois et Tournai portant leur cierge. Derrière ces diverses sociétés, on remarque avec plaisir les jeunes filles de Gand, dans leur costume moyen-âge, tenant le reliquaire dû à la munificence du pieux évêque de cette ville.

Ecoutez ces accents vigoureux et pleins d'une large harmonie qui s'alternent avec les accords de la brillante musique des Canonniers lillois! Deux cents chanteurs, qu'accompagnent de nombreux instrumentistes, font retentir partout le nom de Marie; leurs voix, proclamant

[1] Ce groupe se composait de M^{elles} Thérèse Huet, Maria Dorémieux, Mélanie Dautremer, Caroline Cattaert, Elise Lalubie, Judith Tesse, Joséphine Trannin, Clémentine Lefort, Marie Desmons, Léontine Clainpanain, Marie Faure, Julie Faure, Louise Delattre, Clémence Richebé, Octavie Delannoy, Eudoxie Pavie, Léonie Droulers, Eugénie Béague, Louise Lemaire, Angélique Meurisse, Nelly Leclercq, Marie Truffet.

Page
de Notre-Dame de la Treille.

Lévite
Entourant l'Arche d'Alliance.

Ed Bold del et lith.

Lith. de Boldodor frères, à Lille

au loin tous les titres de gloire de cette Reine de la cité, redisent sans cesse : *Priez, priez pour nous!*

Voici, décorés du titre de *pages* de N.-D. de la Treille, de gentils enfants couverts d'une chlamyde d'argent et d'une toque surmontée d'une plume blanche, portant les uns, les *registres de la Confrérie* et *des pèlerins illustres*, les autres des urnes remplies de parfums [1]. Puis, ce sont les *dames d'honneur* dans leur riche costume, composé d'une longue robe de moire d'argent garnie de points d'Espagne et d'une cordelière d'or. Sous les plis de leur voile, qui, se renversant, descend jusque sur leurs pieds, brille une couronne de fleurs d'argent ; et des cassolettes de même métal qu'elles tiennent en mains, s'échappe un nuage d'azur, à travers lequel le soleil jette l'or de ses rayons. Cette vapeur embaumée, sans cesse entretenue par les soins des pages, s'élève devant la Madone, et répand partout la suave odeur, symbole des vertus de la grande Reine à qui s'adressent ces honneurs, pour revenir au Dieu qui l'a exaltée [2].

Enfin, voici la châsse.... Mais voyez ces trois grands serviteurs de Marie qui la précèdent, comme les hérauts d'armes précèdent la Majesté royale : ce sont les prédicateurs qui, pendant le Jubilé, jetèrent avec les flots de leur éloquence, son amour dans tous les cœurs. On admire ces trois hommes, l'un en habits pontificaux, les

---

[1] Ces enfants étaient les jeunes Alfred Agache, André Bernard, Arthur Boutry, Félix Dehau, Jules Dumon et Benjamin Verley.

[2] Les dames d'honneur étaient M^{elles} Laure Besson, fille de M. le Préfet du Nord, Marie de Germiny, Maria de Favières, Marguerite de Caulaincourt, Anaïs Colombier, Macquart d'Ogimont, Eugénie de La Chaussée, Rosanne Verley, Clémence Verley et Gabrielle Kolb.

autres sous le froc des enfants de saint Dominique et de saint Ignace. Là, ils offrent à Marie l'hommage du zèle, du talent et de la vertu, joint à l'hommage des âmes qu'ils ont touchées, converties et ramenées à Dieu.

La châsse de N.-D. de la Treille s'avance majestueusement au milieu de la foule qui la contemple et la salue avec respect. On dirait le char d'une reine bien-aimée qui, entourée des splendeurs d'une cour éblouissante, traverse les rues de sa capitale dont elle prend possession, ou qu'elle parcourt pour jouir d'un triomphe que lui ont décerné ses sujets sauvés par sa sagesse. Un nombre considérable de prêtres l'entoure, et l'éclat dont elle brille est rehaussé par l'éclat des ornements dont tous sont revêtus. Les fronts se découvrent sur son passage, les cœurs ne peuvent se défendre d'une pieuse émotion, la plus grande partie récite une prière, et si, dans la foule, il est çà et là un malheureux dont l'âme est desséchée par l'impiété, il ne peut s'empêcher de partager l'émotion générale, et, sans s'expliquer son état à lui-même, il reste silencieux et interdit.

Derrière la châsse, marchent sur deux lignes douze prêtres en chapes d'or, faisant les fonctions de choristes et tenant en mains des cannes de chœur, puis Leurs Grandeurs NN. SS. les évêques de Liège, de Blois, de St-Denis, de Soissons, de Fréjus, de Bruges, de Tournai, de Gand, d'Arras, l'archevêque de Cambrai, et le cardinal officiant S. E. l'archevêque de Reims. Tous sont en chapes d'or, en mitres et en crosses, accompagnés de leurs vicaires-généraux, et ne cessent de donner la bénédiction à la foule. Quelquefois ils sont obligés de s'arrêter pour bénir quelque enfant malade que des mères viennent leur présenter, comme il y a dix-huit siècles elles les eussent présentés au Sauveur du monde, afin qu'il les guérît par l'imposition de ses mains divines.

Sur les pas du cardinal se pressent les autorités, en tête desquelles on distingue M. l'ambassadeur de la reine d'Espagne, M. le préfet du Nord, M. le sous-préfet de Lille, M. le maire et MM. les adjoints, en grand costume officiel. Derrière ces messieurs, la belle musique des Pompiers lillois ne cesse de se faire entendre ; un bataillon d'infanterie étend au loin ses lignes, et le cortège est fermé par la gendarmerie à cheval.

VIII

STATION DE LA PROCESSION
SUR LA PLACE D'ARMES.

L'immense cortège de N.-D. de la Treille a parcouru la terrasse Ste-Catherine, la rue Royale, le haut des rues Négrier, Ste-Catherine, d'Anjou, le bas de la rue Négrier, les rues du Pont-Neuf, de Thionville, la place de Gand, la rue de Courtrai, la place aux Bleuets, les rues des Jardins, du Lombard, du Vieux-Faubourg, du Priez, St-Genois, des Augustins, Saint-Sauveur, la place du Réduit, les rues des Sahuteaux, de Paris et des Mannéliers. Partout sur son passage elle a été accueillie avec respect : pas un acte d'irrévérence n'a été aperçu. Elle arrive sur la Place d'Armes. Ici la foule n'a point seulement, comme dans les lieux du parcours, envahi le pavé des rues et les fenêtres des appartements; on la trouve jusque sur les toits, et dans l'enceinte où elle est contenue avec peine par les hussards à cheval, elle se presse, immense et compacte, ivre d'enthousiasme,

Philippe-le-Bon et M.re Jean Le Vasseur.
Décoration de la Grand'Garde.

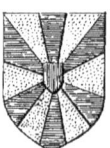   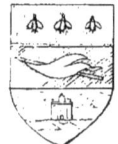

Comte de Flandre — Duc de Bourgogne — Louis XIV — Nouveau Siècle

relevant par son animation l'éclat des parures aux couleurs de Marie qui brillent de tous côtés.

Le poste de la grand'garde a été changé en un reposoir, et toute l'étendue de ce monument, depuis la base des deux grands perrons jusqu'à la hauteur de l'horloge, a été recouvert de velours rouge et d'or. La cité, en animant d'une pensée cette décoration grandiose, y a écrit en quelque sorte son histoire tout entière. Après avoir offert son hommage aux prélats en traçant le nom de la ville épiscopale de chacun d'eux sur de grandes plaques de bronze en face des escaliers, elle a placé dans la partie supérieure, entre deux niches où l'on voit les bustes de Baudouin IV, fondateur de la collégiale de St-Pierre, et de Marguerite de Constantinople, fondatrice de l'association pour honorer N.-D. de la Treille, elle a placé un tableau rappelant les deux faits principaux de ses annales. Ressortant sur un fond d'or, la sainte Vierge ouvre sa treille, et accueille Philippe le Bon et Jean Levasseur, qui, agenouillés à ses pieds, lui offrent l'un les clefs de la ville, l'autre le collier de l'ordre de la Toison-d'or. Au-dessus de cette toile d'un admirable effet[1], des blasons redisent toutes les phases par lesquelles a passé la cité depuis son origine.... Tour-à-tour, ville des grands forestiers devenus comtes de Flandre, ville des ducs de Bourgogne, ville municipale, soumise à l'empereur d'Allemagne, conquise par Louis XIV, ville enfin du nouveau siècle, elle est constamment restée,

[1] Cette toile était l'œuvre de M. Féragu, artiste amiénois, né à Lille, qui a fourni le dessin général de cette décoration.

en traversant toutes ses révolutions, ce qu'elle est heureuse d'indiquer par l'inscription qui surmonte le monument :

LILLE, CITÉ DE LA VIERGE.

Et comme pour compléter ce magnifique ensemble, la statue de Lille, qui couronne la colonne commémorative du siège de 1792, porte en la main droite l'étendard de sa patronne, orné de ces mots : AVE MARIA !

La procession, sur laquelle le soleil n'a pas cessé de répandre ses rayons, déploie sur la Place d'armes, au bruit du canon qui tonne sur les remparts, toutes les richesses de sa marche triomphale. En commençant à la hauteur de sa seconde partie où se trouve la Conférence de St-Vincent de Paul, elle se masse sous la direction des maîtres de cérémonies, et tous les membres du clergé, ainsi que les autorités, montent sur le grand balcon ou en garnissent les escaliers. Que l'on se figure, s'il est possible, cette scène d'une magnificence inouïe, sous un ciel que n'obscurcit aucun nuage ; d'un côté la foule innombrable qui s'étend jusque dans les rues adjacentes, de l'autre ces groupes variés que nous avons vus se dérouler devant nos yeux, et qui se pressent les uns contre les autres ; ces châsses d'or et ces statues, ces bannières et ces baïonnettes, ces uniformes guerriers et ces frocs de religieux, unis, confondus ; la châsse de N.-D. de la Treille s'élevant en face de la colonne ; les grands escaliers du reposoir chargés de prêtres en chapes ou en dal-

DÉTAIL DE LA PROCESSION SUR LE CHAR DE DIANE.
(d'après le Plafond de M. Blanquart Évrard ?)

STATION DE LA PROCESSION SUR LA GRAND'PLACE.
(d'après la Photog.ⁱᵉ de Mʳ Blanquart Evrard.)

matiques d'or, et dominant l'espace, dans toute la longueur du perron, douze Evêques avec leurs grands-vicaires, puis les représentants de l'autorité couverts de broderies et de décorations.

La musique des Canonniers se fait entendre, et aux accords de ses instruments, trois cents hommes environ entonnent le salut à la Reine de la cité. *Salve, Regina*, disent et redisent encore, sous la direction de M. Mazingue et avec un entrain qui ne fait que s'accroître, toutes ces voix unies aux voix du clairon, de la cymbale et du tambour. Ces chants, qui sont comme la voix de tout un peuple s'abandonnant à la plus vive exaltation, commandent le silence et prédisposent la foule à écouter l'évêque de Nevers, qui prend la parole.

« Habitants de Lille, s'écrie-t-il de sa grande voix qui se fait entendre jusqu'aux extrémités de la place [1],

» Il y a deux cent vingt ans que, dans un jour à jamais mémorable, la ville de Lille se consacra solennellement à N.-D. de la Treille.

» Plus de quatre siècles auparavant, déjà cette heureuse cité s'était vouée à Marie au milieu des acclamations de joie et des chants de triomphe. Elle avait adopté avec enthousiasme cette antique et glorieuse devise : *Hæc est spes nostra* : C'est là notre espérance !

» Vraiment il y avait justice, habitants de Lille : vos ancêtres n'avaient-ils pas éprouvé mille fois les effets de sa miséricordieuse et puissante protection ? N'avaient-ils

---

[1] Voir le *fac-simile* de ce discours que l'orateur a bien voulu nous communiquer lui-même et qu'il a signé de sa main.

pas été les heureux témoins des prodiges opérés par son entremise? leurs guerriers n'avaient-ils pas proclamé son nom victorieux sur les champs de bataille?

» Ah! N.-D. de la Treille s'était bien montrée toujours leur espérance et leur joie : *Hæc est spes nostra!*

» Depuis cette époque, et en traversant tous les âges jusqu'à nous, Lille, la vieille et noble cité, demeure toujours vassale et tributaire de Marie, et dans tous les temps elle répète avec transport : C'est là notre espérance : *Hæc est spes nostra!*

» Mais, que vois-je? le vent des révolutions renverse l'antique basilique où l'image vénérée de N.-D. de la Treille a reçu, depuis tant de siècles, les hommages des fidèles Lillois; le marteau des démolisseurs en a brisé jusqu'à la dernière pierre. Dès ce moment, le culte de N.-D. de la Treille s'affaiblit; son image a disparu, et, pendant près d'un demi-siècle, son nom sacré cesse presque d'être invoqué. Il fallait une éclatante réparation pour ce long et trop fatal oubli. Habitants de Lille, elle ne pouvait être plus magnifique et plus complète. Quel spectacle! Anges du ciel, contemplez-le avec ravissement. Il n'en fut jamais de plus beau sur la terre! Voyez cette population innombrable, accourue de tous les points de la Flandre et de la Belgique, qui se presse dans l'enceinte immense de cette place. Entendez ces acclamations d'allégresse et d'amour qui retentissent de toutes parts. On voit bien que c'est une souveraine qui rentre dans ses états, qui vient reprendre possession de sa ville bien-aimée!

» Vierge de la Treille, vous devez être satisfaite!

O Marie! votre cœur est ému, vos entrailles se dilatent en retrouvant l'amour enthousiaste de vos fidèles enfants !

» Mais, chrétiens, j'ai une grande mission à remplir. Marie m'envoie pour vous proposer de sa part un serment nouveau, une nouvelle alliance. Elle vous dit, comme nous lisons dans l'Ecriture : *Sit juramentum inter nos, et ineamus fœdus......*

» Promettez de servir toujours son divin Fils, et de conserver inviolable cette foi qui éclate aujourd'hui si ardente et si pure : elle vous promet en échange toutes les graces, toutes les bénédictions du ciel. *Sit juramentum inter nos, et ineamus fœdus.*

» Promettez d'aimer, d'honorer, d'invoquer toujours avec confiance cette incomparable Mère : elle vous promet d'être à jamais votre amie, votre patronne dévouée. *Sit juramentum inter nos, et ineamus fœdus.*

» Ah ! c'en est fait, l'alliance est conclue, Marie est redevenue votre espérance et votre joie. Hâtez-vous de reprendre la devise de vos pères : *Hæc est spes nostra.*

» Pour moi, je ne puis plus contenir les mouvements de mon cœur : mon âme déborde, et je m'écrie avec transport : VIVE MARIE !.. »

A ce mot des milliers de voix répètent : VIVE MARIE !

« Eh quoi ! reprend l'orateur, vos cœurs répondent au mien !.. Alors qu'un cri unanime s'échappe de toutes les poitrines ! Que tous ensemble nous répétions : VIVE MARIE !.. VIVE NOTRE-DAME DE LA TREILLE !..»

Et les acclamations se font entendre avec une nouvelle force.

« Une dernière fois, que cette immense assemblée redise : VIVE MARIE !... »

Alors ce ne sont plus des cris, c'est une explosion que rien ne peut comprimer...... On agite les mouchoirs, les chapeaux, et les acclamations de *Vive NOTRE-DAME de la Treille* vont en s'échelonnant et se répétant de groupe en groupe comme portées par de fidèles échos !

L'émotion était au comble, les larmes jaillissaient de tous les yeux : « Non jamais, disait le cardinal de Reims à l'archevêque de Cambrai, jamais je n'ai rien vu de semblable, même à Rome ! » Les prélats, après quelques minutes d'un silence qui témoignait des sentiments dont débordait leur âme, entonnèrent le *Sit nomen Domini benedictum*, auquel des milliers de voix répondirent, puis ils donnèrent ensemble la bénédiction. Il était six heures et demie.

Le cortège reforma ses rangs et retourna à Sainte-Catherine par la rue Esquermoise. Sur le passage de la sainte Image les acclamations ne cessèrent de se faire entendre. Les corps de musique, échelonnés dans les rues des Bonnes-Filles, Royale, et des Fossés-Neufs, où la procession s'était groupée, la saluaient de leurs derniers accords, les bannières s'inclinaient, et au chant du *Te Deum* le clergé rentra dans l'église. On chanta le *Domine salvum*, puis le cardinal officiant donna la bénédiction du Saint-Sacrement.

Tous les ecclésiastiques reconduisirent processionnellement au presbytère les prélats devant lesquels les dames

Habitans de Lille

Il y a 220 ans que dans un jour à jamais mémorable la ville de Lille se consacra solennellement à Notre-Dame de la treille. Plus de quatre siècles auparavant déjà cette heureuse cité s'était vouée à Marie au milieu des acclamations de joie et des chants de triomphe. Elle avait adopté avec enthousiasme cette antique et glorieuse devise: haec est spes nostra c'est là notre espérance.
  Vraiment il y avait justice. habitans de Lille: vos ancêtres n'avaient-ils pas éprouvé mille fois les effets de sa miséricordieuse et puissante protection? n'avaient-ils pas été les heureux témoins des prodiges opérés par son entremise? leurs guerriers n'avaient-ils pas proclamé son nom victorieux sur les champs de bataille?... ah! N.D. de la treille s'était bien montrée toujours leur espérance et leur joie: haec est spes nostra.
  Depuis cette époque, et en traversant tous les âges jusqu'à nous, Lille, la vieille et noble cité demeure toujours vassale et tributaire de Marie. et dans tous les temps elle répète avec transport: c'est là notre espérance: haec est spes nostra.
  Mais que vois-je?... Le vent des révolutions renverse l'antique basilique où l'image vénérée de N.D. de la treille

a reçu, depuis tant de siècles les hommages des fidèles Lillois. Le marteau des Démolisseurs en a brisé jusqu'à la dernière pierre. Dès ce moment le culte de N.-D. de la treille s'affaiblit; son image a disparu; et pendant près d'un demi-siècle son nom sacré cesse presque d'être invoqué.

Il fallait une éclatante réparation à punir ce long et trop fatal oubli. habitans de Lille, elle ne pouvait être plus magnifique et plus complète. Quel spectacle!... anges du ciel contemplez-le avec ravissement. Il n'en fut jamais de plus beau sur la terre. Voyez cette population innombrable accourue de tous les points de la Flandre et de la Belgique qui se presse dans l'enceinte immense de cette place. Entendez ces acclamations d'allégresse et d'amour qui retentissent de toute part. On voit bien que c'est une souveraine qui rentre dans ses états, qui vient reprendre possession de sa ville bien-aimée.

Vierge de la treille, vous devez être satisfaite, ô Marie! Votre cœur est ému: vos entrailles se dilatent, en retrouvant l'amour enthousiaste de vos fidèles enfants.

Mais, chrétiens, j'ai une grande mission à remplir. Marie m'envoie pour vous proposer de sa part un serment nouveau, une nouvelle alliance. Elle vous dit, comme nous lisons dans l'Écriture: <u>sit juramentum inter nos et incamus foedus</u>...

promettez de servir toujours son
Divin Fils, et de conserver inviolable
cette Foi qui éclate aujourd'hui
si ardente et si pure! Elle vous
promet, en échange toutes les
graces, toutes les bénédictions du
ciel: est juramentum et—
Promettez d'aimer, d'honorer
d'invoquer toujours avec confiance
cette incomparable mère, elle
vous promet d'être à jamais votre
amie votre patronne dévouée,
ah! c'en est fait: l'alliance
est conclue, Marie est redevenue
votre espérance et votre joie.
hâtez-vous de reprendre la devise
de vos pères: haec est spes nostra.

Pour moi je ne puis plus contenir
les mouvements de mon cœur...
mon âme déborde, et je m'écrie
avec transport: Vive Marie!...
Et quoi! vos cœurs répondent au
mien!... Alors, qu'un cri unanime
s'échappe de toutes les poitrines!
que tous ensemble nous répétions
Vive Marie!... Vive N.D. de la
Treille!... Une dernière fois, que
cette immense assemblée redise:
Vive Marie!...

2 juillet 1854.

† Dominiq. a* Évêq. de Nevers

d'honneur de Notre-Dame de la Treille tenaient leurs cassolettes fumantes.

Lorsqu'au concile d'Ephèse, les évêques du monde chrétien eurent proclamé la maternité divine de Marie, les dames nobles de la ville allèrent à leur rencontre et brûlèrent des parfums devant leurs pas..... L'Eglise de Dieu est, comme son Fondateur, toujours ancienne et toujours nouvelle !

Le soir, à huit heures, un magnifique banquet de deux cent cinquante couverts, offert par les Lillois, réunissait les évêques à l'élite de la population dans les salons de l'Hôtel-de-Ville, qui avaient été décorés à cet effet. A la fin du repas des toasts furent portés : par M. le préfet, à Leurs Majestés l'Empereur et l'Impératrice ; par M. le maire, à l'ambassadeur d'Espagne et aux illustres prélats qui avaient bien voulu assister aux fêtes jubilaires ; par S. E. le cardinal de Reims, à la ville de Lille et au département du Nord; par Mgr l'évêque Gand, à l'épiscopat français ; par Mgr l'archevêque de Cambrai, à l'épiscopat belge; par M. Mimerel, sénateur, aux prédicateurs du Jubilé ; et par Mgr l'évêque de Nevers, à l'ordonnateur de la fête. Tous ces toasts furent accueillis avec d'unanimes acclamations.

Pendant ce temps, les Lillois et les étrangers, sous l'impression des grandes scènes dont ils venaient d'être témoins, se répandaient dans les rues pour jouir du spectacle des illuminations; des transparents redisaient partout la gloire de N.-D. de la Treille. A dix heures, une étoile électrique projetait, du haut de la tour Sainte-Catherine, ses rayons vers tous les points de la ville. Jusqu'à minuit la foule ne cessa de circuler sans qu'aucun désordre, sans même qu'aucun cri ne vînt troubler les joies douces et pures dont tous les cœurs étaient remplis. Cette foule cependant était telle que l'on put compter, à Lille, plus de cent mille étrangers. Trente quatre mille avaient été amenés par le chemin de fer.

IX

VISITE DES ÉVÊQUES AU PENSIONNAT DE MARCQ

Les jours de la fête séculaire étaient écoulés : le soleil qui avait éclairé leur dernier et principal épisode reparut le lendemain aussi radieux, comme pour aider les Lillois à conserver les douces émotions de la veille ; et ceux-ci, comme pour remercier le ciel de sa sérénité, laissèrent la façade de leurs maisons pavoisée ; il semblait que le Jubilé durait encore : les rues étaient sillonnées de promeneurs qui voulaient encore admirer les décorations et leur dire un dernier adieu. Tous les pas se tournaient vers l'église Sainte-Catherine : on allait admirer l'*ex-voto* de la ville de Cambrai, et s'associer aux regrets qu'avaient éprouvés les Cambrésiens, en n'arrivant qu'après la procession. La foule abondait surtout dans la chapelle de la Sainte-Vierge. Chacun voulait adresser une prière à N.-D. de la Treille, considérer de près la sainte image, y faire toucher des objets de piété, et solliciter des bonnes religieuses qui la gardaient, la faveur de laisser les petits enfants et les malades lui baiser la main. Ceux qui ont à cœur la gloire de Dieu et le salut de leurs frères causaient des heureux effets du Jubilé, se racontaient les traits édifiants dont ils avaient été témoins, les paroles pieuses qu'ils avaient recueillies sur le passage de la procession, et s'entretenaient surtout du retour aux pratiques religieuses dont un grand nombre d'hommes, et surtout d'hommes distingués dans la société, avaient donné l'exemple. On pouvait, disait-on, et l'on n'exagérait pas, porter le nombre des communions, distribuées à Lille pendant le Jubilé, à trente-cinq mille.

Tandis que la pieuse animation des saints jours continuait à régner dans la cité de la Vierge, ailleurs, on cherchait aussi à prolonger dans l'âme de NN. SS. les évêques, les célestes joies dont ils avaient été inondés la veille. Le pensionnat de Marcq leur préparait une fête. Nous ne dirons pas l'allégresse des maîtres et des élèves de cet établissement, qui attendait le plus grand honneur qu'une maison d'enseignement ait peut-être jamais reçu. Tous les prélats qui, la veille, avaient assisté à la procession séculaire, excepté le cardinal de Reims et l'évêque de Tournai, que des affaires urgentes avaient rappelé dans leur diocèse, arrivèrent vers onze heures, accompagnés de leurs grands-vicaires, de leurs hôtes, et de quelques personnes notables de la ville.

Le personnel des professeurs attendait Leurs Grandeurs sur le perron et les conduisit, aux accords de la musique du pensionnat, dans une vaste salle guirlandée, ornée des armoiries de chacun d'eux, et dans le fond de laquelle était une estrade, où ils prirent place, sous un dais. Après un premier compliment exprimant aux prélats la reconnaissance de l'établissement, un élève s'avança et lut une pièce de poésie de sa composition. Nous avons été assez heureux pour nous procurer ce morceau de littérature, qui est un hommage aux vertus et au dévouement de l'épiscopat français, et nous nous permettons de le publier intégralement. Les légers défauts que l'on y rencontre n'empêcheront point de le trouver remarquable et d'applaudir au talent du jeune auteur encore assis sur les bancs : M. Henri Monnier, de Lille.

 Dieu venait d'engloutir dans son éternité
Ce siècle, où notre France a vu l'Impiété,
Semblable au fier torrent formé par les orages
Qui court semant partout les plus affreux ravages,
Déchaîner contre nous ses flots dévastateurs.
Frapper, anéantir aux coups de ses fureurs
Quinze siècles de foi, de vertus et de gloire.
Périsse de ce deuil la funeste mémoire !
Les temples du Seigneur avaient été détruits,
Aux reptiles impurs ils servaient de réduits ;
L'herbe souillait l'autel du divin sacrifice.
Ceux qu'avait conservés la main profanatrice
N'étaient plus couronnés du drapeau de la Croix ;
Des chants de la prière embaumés autrefois,
Ils frémissaient aux cris de la sanglante orgie,
Et vers l'ignoble autel d'une Raison impie
Voyaient monter les flots d'un sacrilège encens.
Et l'Eglise de France, en ses jours plus brillants
De gloire et de splendeur autrefois couronnée,

Paraissant de Dieu même, hélas ! abandonnée,
Dans l'ombre et le secret dévorait ses douleurs,
Pleurait et gémissait, veuve de ses pasteurs.....
Les uns, saints confesseurs de l'auguste croyance
Que leur bouche sacrée annonçait à la France,
Sur l'échafaud sanglant étaient montés vainqueurs ;
Les autres, qu'attendaient de plus longues douleurs,
Dont le Ciel aux bourreaux avait ravi la tête,
Dispersés en tous lieux par l'affreuse tempête,
De leurs mâles vertus, de leur zèle entraînant,
Donnant au monde entier le spectacle émouvant,
Le réconciliaient avec notre patrie.....

Quand ses propres excès brisèrent l'anarchie,
Quand rappelant pour nous ses antiques bontés,
Afin de mettre un terme à nos calamités,
Suscitant un guerrier, choyé par la victoire,
Dieu releva l'autel par la main de la gloire,
Partout venaient s'offrir aux regards consternés
Des temples du Seigneur les débris profanés....
Avant de commencer l'œuvre réparatrice,
S'offrant à l'Eternel lui-même en sacrifice,
L'Episcopat français sur ses pieux labeurs
Sut attirer du Ciel les plus douces faveurs.

Après avoir revu, libre enfin de ses chaînes,
Les rives du Jourdain et ses fertiles plaines,
Aux remparts de Sion travaillant d'une main,
De l'autre repoussant l'impur Samaritain,
L'enfant de la Judée associait naguère
Aux travaux de la paix les dangers de la guerre....
Ainsi l'Episcopat, des temples renversés
Recueillant en pleurant les débris dispersés,

D'une main relevait les murs du sanctuaire,
Et de l'autre, agitant la céleste bannière,
Animait les chrétiens aux combats du Seigneur.
Déjà, grace à son zèle, à sa constante ardeur,
Le temple du Très-Haut, sortant de ses ruines,
Charmait les cœurs français de ses beautés divines ;
La moderne Sion voyait ses murs nouveaux
Se dresser couronnés de splendides créneaux.....
Heureux de ce succès, les Evêques de France,
Du Dieu de saint Louis célébrant la clémence,
Demandaient que sur eux, par de nouveaux bienfaits,
Dieu fit briller encor quelques heures de paix,
Pour orner, comme aux jours de gloire et de puissance,
Le lieu que l'Eternel remplit de sa présence....

 Le Seigneur, adorable en ses conseils divins,
Avait pour l'avenir conçu d'autres desseins.....
Celui que de Sion la chute désastreuse
Jadis avait comblé d'une joie odieuse,
L'impur Samaritain, qui de ses pieds maudits
Avait en l'insultant profané ses débris,
Voyait en frémissant de rage et d'impuissance,
Renaître du tombeau cette Eglise de France,
Qu'il avait cru détruire, et qui de son malheur
Empruntait je ne sais quelle auguste splendeur,
Belle comme une mère aux jours de son veuvage
Qui bénit, en pleurant, son enfant qui l'outrage !

 Relevant parmi nous son drapeau sans honneur,
L'Impiété, cachant sous son masque trompeur
Ses funestes projets et sa coupable haine,
Contre le ciel encor descendit dans l'arène ;
De ceux que l'égoïsme et le crime ont tarés,
Elle-même guida les rangs déshonorés

Contre le Dieu d'amour qui veille au sanctuaire
Et qui sauva le monde en mourant au Calvaire.
Et l'Eglise de France, à ce spectacle affreux,
Crut un moment renaître à ces jours malheureux
Où Dieu, dont les desseins sont pour nous un mystère,
Au génie infernal semblant livrer la terre,
Eprouva son Eglise au creuset des douleurs,
Dispersa les brebis et frappa les pasteurs.

Lorsque sur son vaisseau l'ouragan se déchaîne,
Que l'Océan fougueux dans sa fureur l'entraîne,
Le pilote saisit d'un bras plus vigoureux
Le gouvernail battu par les flots orageux;
Autour de lui, quand tout frémit et s'épouvante,
Qu'il est beau de le voir sur sa barque tremblante
Lutter seul, sans pâlir, contre les éléments,
Triompher de la mer, de l'orage et des vents !
Ainsi quand le vaisseau de l'Eglise de France,
Devenu le jouet d'une mer en démence,
Tantôt voyait sous lui s'ouvrir l'abîme affreux,
Tantôt montait, porté par les flots jusqu'aux cieux,
La main au gouvernail, tenant tête à l'orage,
L'Episcopat français le sauva du naufrage.

Ange des saints combats, qui redis dans les cieux
Des héros de la foi les exploits glorieux,
Prête à ma faible voix ta parole puissante,
Donne-moi, pour chanter sur la lyre vibrante
Les luttes, les vertus de notre épiscopat,
De ta trompette d'or l'harmonie et l'éclat.....

Comme son Fondateur, qui parut sur la terre

Afin de la guérir, recherchant la misère,
L'Eglise dans ce monde a, pour toute douleur,
Un doux baiser d'amour, baume consolateur
Qui ferme la blessure et guérit la souffrance.
Dans les champs de l'exil seconde Providence,
Elle aime de son sein à verser les bienfaits;
Sa féconde bonté ne se lasse jamais;
Il n'est pour son amour de juif ni d'infidèle;
Elle a reçu pour tous une âme maternelle;
Tous ont un même titre à ses dons généreux;
Il suffit qu'on soit homme et qu'on soit malheureux.
Mais ses augustes droits si sa voix les réclame,
C'est pour nous rendre heureux, c'est pour sauver notre âme.
La charité pour elle est un chemin de fleur
Qui conduit à la foi la raison par le cœur.
Aussi l'Impiété pour la rendre stérile,
Des passions du jour courtisane servile,
S'efforça d'éveiller leurs jalouses terreurs,
Et de la calomnie empruntant les couleurs :
« Craignez tout de l'Eglise; arrêtez, disait-elle,
» L'élan désordonné de son orgueilleux zèle,
» Enchaînez le ministre aux autels de la Croix,
» Dans l'enceinte du temple emprisonnez sa voix;
» Que jamais les accents de la foi catholique
» N'émeuvent les échos de la place publique;
» Cachez le prêtre au monde, il y deviendrait roi,
» Sa volonté bientôt y tiendrait lieu de loi;
» Mettez un mur d'airain entre Rome et la France,
» Ou c'en est fait de vous et de votre puissance.
» Rome, ressuscitant ses orgueilleux projets,
» Prétendra vous réduire au rang de ses sujets,
» Et comme aux bords du Tibre, aux rives de la Seine

» Le Vatican verra, sous sa loi souveraine,
» Les peuples incliner un front respectueux.
» Mais pour que vos efforts aient un succès heureux,
» Pour priver à jamais cette Eglise de France
» De toute autorité, de toute indépendance,
» Pour remporter sur elle un triomphe complet,
» Et pour ne pas laisser votre ouvrage imparfait,
» Absorbez dans vos mains les dons de la science,
» Que pour vous et par vous partout on les dispense.
» Prenez garde surtout que jamais les pasteurs
» En éclairant l'esprit ne gouvernent les cœurs ;
» Mais, tenant sous vos lois l'âme et l'intelligence,
» Formez à votre image, à votre ressemblance,
» La génération qui grandit de nos jours,
» Donnez-lui vos pensers, vos haines, vos amours.....
» Ecoutez ces conseils dictés par la prudence,
» Et je réponds de vous et de votre puissance.
» Asservissez l'Eglise, et que le joug des lois
» Sur son superbe front pèse de tout son poids ;
» Sinon vous imposant sa despotique chaîne,
» L'Eglise, en ce pays jalouse souveraine,
» Vous forçant à baiser la poudre de ses pieds,
» Comprimera sous eux vos fronts humiliés.... »
    Ces conseils, inspirés par une aveugle rage,
Qui portaient dans leur sein la tempête et l'orage,
Trouvent un triste écho dans de coupables cœurs :
Des antiques combats rappelant les horreurs
Contre la sainte Eglise et contre Dieu lui-même
L'impiété reprend une lutte suprême.
Sainte Eglise de Dieu, que ton cœur immortel
A dû battre joyeux dans ton sein maternel,
Quand tu vis, animés d'un sublime courage,

Nos illustres prélats grandir avec l'orage,
Contre l'impiété revendiquant tes droits
Combattre sans faillir en embrassant la Croix,
Et brûlants d'une ardeur toujours héréditaire,
Garder la fille aînée à l'amour de sa mère !

Quel spectacle admirable présente à tous les yeux
L'Episcopat français humble et victorieux !
S'élevant du désert, quelle Sion nouvelle
Paraît le front brillant d'une gloire immortelle ?
Sainte Jérusalem, cité chère à nos cœurs,
Quelle main t'a rendu tes antiques splendeurs !
Salut, honneur à toi, sainte Eglise de France,
Pour qui Dieu déploya tant de magnificence,
A qui le Ciel rendit avec ta liberté
Des âges plus heureux la gloire et la beauté....
Partout du sol français, asiles de prières,
Surgissent sous nos pas de nouveaux sanctuaires ;
L'autel, où Dieu pour nous s'immole chaque jour,
A repris son éclat sous la main de l'amour ;
L'écho purifié de la place publique
Répète les accents de la voix catholique,
Et les enfants du cloître, à la France rendus,
Lui montrent de nouveau leur robe et leurs vertus ;
Sur leur trône ébranlé sans que nos maîtres tremblent
En toute liberté les conciles s'assemblent ;
Sur son siège sacré, fondement de la foi,
Le vicaire du Christ, le saint pontife-roi
Aime à voir à ses pieds, jurant obéissance,
Chaque jour prosternés les pasteurs de la France ;
L'Eglise, si long-temps condamnée à gémir
Sur ses fils que l'erreur avait osé ravir,

L'Eglise, contemplant sous son aile bénie
De ses jeunes enfants la troupe réunie,
Avec de doux transports les presse sur son cœur,
Et retrouvant ses fils, retrouve le bonheur !
 Sainte Eglise de Dieu, mère tendre et chérie,
Oh ! que d'amour pour toi dans notre âme attendrie !
Bercés sur tes genoux, appuyés sur ton sein
Nous recevons ici de ta fidèle main
La coupe où, sans danger, notre joyeuse enfance
Peut s'enivrer des flots du vin de la science ;
Si nous n'avons pas vu, dès nos premiers printemps,
Tristement se flétrir, au souffle des autans,
De nos fronts restés purs la couronne fleurie,
C'est que l'œil vigilant d'une mère chérie
A su le préserver du souffle empoisonneur
Qui ravit aux enfants innocence et bonheur !
Oui, nous te chérissons, sainte Eglise de France,
Nous te devons la paix, l'honneur de notre enfance,
Et ces beaux jours de Marcq, hélas ! si tôt passés,
Qui vivront dans nos cœurs à jamais retracés !
Tous nous sommes à toi, bonne et divine Mère,
Toujours dans notre amour tu seras la première.

 Et vous, dont la présence en cet heureux séjour
Fait palpiter nos cœurs d'allégresse et d'amour,
Généreux champions de la cause divine,
Devant vous chaque front avec respect s'incline,
Et les voix et les cœurs unissant leurs accords,
De l'aurore au couchant disent avec transports :
« Ils nous comblent des dons de leur bonté féconde,
» C'était pour le sauver qu'ils ont vaincu le monde ;
» Bienfaisants dans la paix, sublimes au combat,
» Gloire à ces saints pasteurs, gloire à l'Episcopat ! »

Toi qu'envie à Cambrai notre tant douce ville,
Zélé Pasteur du Nord, saint Evêque de Lille [1],
O Regnier, dont le zèle et la brûlante ardeur,
Comme un fleuve de feu, s'épanche en notre cœur,
Toi dont nous sommes fiers de suivre la houlette,
Entends l'enfant de Marcq, qui joyeux te répète :
« Il est doux dans la paix, il fut fort au combat,
» Amour, gloire à Regnier, gloire à l'Episcopat ! »

Toi, dont nous connaissons pour l'aimable jeunesse,
Les généreux travaux et l'active tendresse,
Qui, de nos libertés courageux défenseur,
Pour les reconquérir montras tant de valeur [2],
Dont Marcq avec amour a gardé la mémoire,
Entends nous répéter dans nos chants de victoire :
« Sa valeur a brillé dans l'ardeur du combat,
» Honneur à Parisis ! gloire à l'Episcopat ! »

Toi que nous avons vu dans la cité fidèle
Ranimer des Lillois le courage et le zèle,
Dont Lille a conservé le plus doux souvenir,
Qu'elle aime à voir encor lui parler, la bénir,
Pontife que Fréjus de son amour couronne [3] ;
A l'ombre des autels de la sainte Madone,
Toi dont l'heureux berceau jadis fut abrité,
Evêque de Soissons, enfant de la cité
Que d'un si tendre amour environne Marie [4],

---

[1] L'auteur fait ici allusion à un bruit qui s'est répandu, pendant les jours du Jubilé. On annonçait que le Saint-Père autorisait Monseigneur Regnier à joindre le titre d'Evêque de Lille au titre d'Archevêque de Cambrai.

[2] Mgr Parisis, évêque d'Arras.

[3] Mgr Wicart, ancien curé de Sainte-Catherine à Lille, évêque de Fréjus.

[4] Mgr de Garsignies, évêque de Soissons, est né à Lille.

Vous tous, nobles prélats, l'orgueil de la patrie,
Entendez notre voix qui répète en ce jour :
« Gloire aux prélats français, honneur, respect, amour !
» Ils nous comblent des dons de leur bonté féconde,
» C'était pour le sauver qu'ils ont vaincu le monde,
» Bienfaisants dans la paix, sublimes au combat,
» Gloire aux prélats français, gloire à l'Episcopat ! »

Et vous dignes rivaux des pasteurs de la France,
Que la Belgique admire avec reconnaissance ;
Pour défendre du bien la sainte liberté
Vous qu'on voit déployer tant d'intrépidité,
Qui, montés tous les jours sur la brèche fumante,
Etonnez l'ennemi d'une valeur brûlante,
Entendez la Belgique en ses transports joyeux
Exalter, dans ses chants répétés dans les cieux,
Les pasteurs bien-aimés à qui Dieu l'a soumise,
Unir son cœur, sa voix, à la voix de l'Eglise,
Et dire : « A ces pasteurs, si grands dans le combat,
» Honneur, respect, amour ! gloire à l'Episcopat ! »

Et toi, qui nous quittant, à notre heureuse enfance [1]
Laissas comme un parfum ta douce souvenance,
Dont Dieu récompensa la catholique ardeur,
En t'envoyant du ciel la paix et la douleur,
Que Saint-Denis admire et que Roubaix regrette,
Entends l'enfant de Marcq qui dans ses chants répète :
« Saints pasteurs, couronnés de votre apostolat,
» Honneur, amour à vous ! gloire à l'Episcopat ! »

---

[1] Mgr Desprez, ancien curé de Roubaix, évêque de Saint-Denis (Ile de la Réunion), visitait souvent l'établissement de Marcq ; tous les élèves l'appelaient leur ami.

CHAPITRE IX.

Après cette lecture, souvent interrrompue par les applaudissements de l'assemblée, les prélats appelèrent l'auteur près d'eux et l'embrassèrent avec effusion ; puis ils adressèrent quelques conseils paternels à cet essaim nombreux, espoir de la religion, de la société et de la patrie.

Le dîner fut servi dans l'immense salle de récréation qui avait été élégamment pavoisée. Au moment du dessert, le jeune poète reparut salué par de vives sympathies, et après en avoir obtenu la permission de Mgr l'archevêque de Cambrai, il lut, par l'organe d'un de ses condisciples, une nouvelle composition. Nous nous abstiendrions de publier cette pièce, d'une facture un peu moins large que la précédente, mais cette abstention nous paraît impossible ; l'auteur y célèbre Celle qui vient d'être l'objet des démonstrations de la foi et de la piété lilloise. Tous les arts ont, pendant ces fêtes, payé leur tribut à la Mère de Dieu ; nous sommes heureux de montrer que la poésie n'est point restée étrangère à cet élan unanime d'amour. Du reste, nous nous contenterons de transcrire de ce morceau, ce qui regarde N.-D. de la Treille, rappelant encore qu'il est l'œuvre d'un écolier.

. . . .

. . . .

Si toujours déployant la force de son bras,
La Fille de David, au milieu des combats,
A l'Eglise assura la paix et la victoire ;

Si l'Eglise lui doit son salut et sa gloire,
Il est un peuple fier, enfant chéri du Ciel,
Des dons les plus heureux doté par l'Eternel,
Qui semble être le roi des peuples de la terre ;
Le monde entier l'admire et marche à sa lumière.
En lui tout est fécond, car tout jaillit du cœur ;
En lui tout est amour, dévoûment et grandeur !...
Pour ce peuple on dirait qu'épuisant sa tendresse
La Vierge n'a jamais d'assez tendre caresse,
Qu'elle aime à le combler de ses plus doux bienfaits,
Que sa bonté pour lui ne se lasse jamais.
Il semble que son cœur est jaloux de lui plaire,
Qu'il est plus son enfant, et qu'elle est plus sa mère !...
Oui, ce peuple est le tien, le peuple de ton choix,
Ta joie et ton tourment, ton amour et ta croix !
Oui, la France est ta fille entre toutes chérie !
Ton nom et tes bienfaits, ineffable Marie,
Mêlés au souvenir des ses nobles travaux,
Viennent s'associer à sa gloire, à ses maux :
Qu'on ouvre notre histoire, on trouve à chaque page
De ton amour pour nous l'éternel témoignage.

Aussi voit-on partout surgir du sol français
De pieux monuments, qu'aux maternels bienfaits
Ont consacrés les mains de la reconnaissance ;
Invincibles remparts qui protègent la France
Plus que ces fières tours dont l'étranger, sans peur,
Ne peut, même de loin, mesurer la hauteur.

Dans cette heureuse France, à qui tu sers de mère,
Il est un peuple aussi que ton amour préfère,
O Vierge bien-aimée, un peuple à qui tu fais
Une plus large part dans tes divins bienfaits :

CHAPITRE IX.

C'est toi, terre de Flandre, O ma douce patrie,
Toi que l'on peut nommer la terre de Marie !
De tes nobles cités, de tes humbles hameaux,
La Mère du Sauveur a béni les berceaux ;
Tu dois tout à Marie : et ta sainte croyance,
Ta gloire, ton bonheur, tes trésors, ta puissance....

Et toi que nous aimons du plus ardent amour,
Où nous sommes si fiers d'avoir reçu le jour,
Toi, qui de ce pays semble dans ton histoire
Résumer les travaux, les malheurs et la gloire ;
Qui d'un heureux comté souveraine autrefois
Faisais craindre et bénir ta puissance et tes lois,
L'un des plus beaux fleurons qui maintenant rayonne
Sur le bandeau des rois que la France couronne ;
Qui sur la Deûle assise, et ceinte de remparts
Dont l'ennemi tremblant détourne ses regards,
Veilles sur les créneaux de tes fortes murailles,
Caressant d'une main le bronze des batailles,
Et brandissant de l'autre aux yeux des ennemis
Le glaive que la France à ta droite a remis ;
Qui saintement féconde, épouse heureuse et fière,
Entends des fils nombreux te saluer leur mère ;
Qui vois de tes enfants l'industrieux essaim
Pour doubler tes trésors s'agiter dans ton sein ;
Lille, douce cité, de nos cœurs tant chérie,
Quel amour, quels bienfaits t'a prodigués Marie !....

    Celui qui t'a donné le Ciel pour fondateur [1],
    A qui tu dois ton nom, ta vie et ta grandeur,

---

[1] Le poète s'est inspiré de la légende populaire qui attribue la fondation de Lille au grand forestier de Flandre, Lydéric, fils d'Ermengarde.

Dormait encor caché dans le sein de sa mère ;
Déjà te prévenant d'un amour tutélaire
Marie en sa faveur intéressait les Cieux.....
La femme qui portait ce fardeau précieux,
Fuyant d'un fier guerrier la poursuite et la haine,
Suivait les noirs détours de la forêt prochaine.
Epuisée et cédant à la rigueur du sort,
Elle s'arrête enfin pour attendre la mort.
Sa bouche cependant, s'ouvrant pour la prière,
Appelle à son secours la Vierge qui fut Mère.....
Le cri de sa douleur au ciel fut entendu,
Et le cœur de la Vierge a bientôt répondu :
Trompant du meurtrier la coupable espérance,
Elle égare ses pas, hâtés par la vengeance,
Et, par ses tendres soins, du haut du ciel descend
Sur les yeux d'Hermengarde un sommeil bienfaisant.
De nouvelles bontés sa droite l'environne :
Elle-même quittant son magnifique trône,
Vient de l'heureuse mère apaiser les douleurs,
Prédire de son fils la gloire et les grandeurs :
« Ton enfant est sauvé ; rassure, ajouta-t-elle,
» Pour cet enfant chéri ton âme maternelle ;
» Je l'adopte, il est mien ; sa main doit quelque jour
» D'une grande Cité que prévient mon amour,
» Que ma clémente main par avance a bénie,
» Que chacun nommera la Cité de Marie,
» Dans ces lieux, sur ces bords à jamais vénérés,
» Jeter en mon honneur les fondements sacrés..... »
Bientôt, s'accomplissant le mémorable oracle,
Lille surgit du sol ; et l'enfant du miracle
A celle qui l'avait sauvé par sa bonté
Consacra pour toujours la naissante cité.....

Et Lille de la Flandre auguste suzeraine
Dit en nommant Marie : Elle est ma souveraine !

De nos fastes lisez les récits glorieux :
Tant que la liberté, ce doux présent des Cieux,
Fût de mâles vertus une féconde source,
Que cet astre brillant dans sa royale course
Est demeuré fidèle à suivre le chemin
Que dans l'espace Dieu lui traça de sa main,
La Vierge fit briller sur sa Cité fidèle
De ce divin soleil la lumière immortelle.....
Quand cet astre, rebelle aux lois de son Auteur,
En manquant à sa fin eût perdu sa splendeur ;
Des funestes projets de l'erreur et du vice
Lorsque la liberté se rendit la complice,
La Vierge qui veillait sur ses enfants chéris,
Sous le sceptre espagnol rangea notre pays.
En vertus, en héros, l'Espagne encor féconde
Parmi les nations qui divisent le monde,
Pour quelques jours encor gardait le premier rang ;
Versant pour la servir ses trésors et son sang,
Lille s'illuminait aux feux de la victoire
Du rejaillissement de sa dernière gloire.
Comme un lutteur blanchi par de nobles travaux,
Qui cède enfin l'arène à de jeunes rivaux,
Après avoir tenté les chances de la guerre
L'Espagne dut un jour, repliant sa bannière,
Pleurant sur le tombeau de ses plus fiers guerriers,
A la France livrer son glaive et ses lauriers.....
Et, Lille alors montrant à la Vierge qu'elle aime
De son front désolé l'antique diadême
Veuf des plus beaux fleurons qui faisaient son orgueil,

La Vierge que touchaient sa douleur et son deuil,
Par un nouveau bienfait donna Lille à la France !
Mais avant d'exercer les droits de sa puissance
Sur ce peuple si fier que son glaive a conquis
Le monarque qui ceint la couronne des lys,
Louis, s'humiliant devant la sainte image
Viendra rendre à Marie un solennel hommage [1].
O Vierge de la Treille ! au pied de tes autels,
Scellant nos libertés de serments solennels,
Qu'il est beau de le voir, le plus grand roi du monde,
Que de tant de splendeurs le Tout-Puissant inonde,
Se jurer ton vassal pour être notre roi,
Et pour nous commander se soumettre à ta loi !

Nous n'étions que d'un jour les enfants de la France,
Et déjà notre sang coulait pour sa défense.
Après de longs combats, malgré notre valeur,
L'Hérétique en nos murs était entré vainqueur.
Pour son antique foi, la cité de Marie
Des enfants de Calvin redoutait la furie ;
Elle invoque sa Reine, et, propice à ses vœux,
Notre-Dame adoucit l'hérétique orgueilleux.....

Vint le jour où, sortant des sacrés tabernacles,
Jésus, sur son passage épanchant les miracles,
Comme un triomphateur traverse nos cités ;
Les vœux ardents de Lille à son trône montés
Avaient touché le cœur de sa douce Patronne :
Au bruit des fiers clairons et du canon qui tonne,
Le Sauveur en triomphe est porté parmi nous,

---

[1] Après avoir soumis sa capitulation à Louis XIV, le Magistrat de Lille ne jura fidélité au roi vainqueur, qu'après les serments préalables que fit celui-ci dans la Collégiale de Saint-Pierre et devant l'image de N.-D. de la Treille, de respecter les droits, franchises et usages de la cité.

CHAPITRE IX.

Le Hollandais frémit..... et fléchit les genoux ;
Et nos vainqueurs d'un jour souillés par l'hérésie
Ainsi rendent hommage au Dieu Fils de Marie [1] !

Plus tard, quand de l'Autriche au pied de nos remparts,
De nombreux bataillons plantent les étendards,
A la Vierge de Lille adressant leur prière
Nos mères vont remplir son pieux sanctuaire ;
Et le Seigneur accorde à nos vaillants aïeux
A la voix de Marie un succès glorieux [2].....

Mais quoi ! j'entends mugir l'ouragan sur nos têtes,
Et le ciel de la France est chargé de tempêtes !
La révolte a brisé le trône de nos rois,
Le crime tient en main la balance des lois,
L'échafaud règne en maître et gouverne la France,
Et dans nos temples saints une foule en démence
Ose, sur les autels du Dieu de sainteté,
Sous le nom de Raison asseoir l'impureté !
Lille eut aussi sa part d'erreur et de folie.....
Un sanctuaire auguste, où sa Reine chérie
Signala son amour par des bienfaits nombreux,
Disparut entraîné par le torrent fougueux.....

L'impur profanateur, qui sur ton sanctuaire,
O Vierge, osant porter une main téméraire,
Frappa le temple saint si cher à notre amour,
Dans ta bonne cité n'a pas reçu le jour ! ! !
Non, non ; pour son enfant ta cité le renie.....

---

[1] Lors du siège de Lille en 1708, le Magistrat fit vœu à N.-D. de la Treille, de célébrer une procession solennelle si la ville avait le bonheur d'échapper au pillage. Le pillage n'eut pas lieu, et Lille eut encore la consolation de conserver la liberté de son culte au milieu des soldats hérétiques auxquels elle avait été forcée de se rendre.

[2] Bombardement de Lille en 1792.

JUBILÉ DE 1834.

Toujours Lille resta la cité de Marie,
Lille t'aima toujours! Vierge tu le sais bien,
Lille n'a pas brisé le doux, l'heureux lien,
Qui l'unit à sa Reine et sous tes lois l'engage!....
Aussi lui gardas-tu ton cœur et ton image,
Afin qu'après ces jours de deuil et de douleur,
Rendant à tes autels leur antique splendeur,
Un prêtre vénérable, un noble enfant de Lille
Vint de nouveau t'offrir au culte de ta ville.....

    Lille, toujours fidèle à payer de retour
Les dons qu'en sa faveur prodiguait ton amour,
Semble avoir mérité par sa reconnaissance
Les insignes bienfaits de ta sainte clémence.
Sans que les souvenirs des âges écoulés
Evoqués tour-à-tour soient ici rappelés:
Et ces temples nombreux, ces pieux sanctuaires,
Qu'embaumaient de la foi les ardentes prières,
Et qui disaient à tous ta gloire et ta bonté;
Et ces processions de la *Festivité*,
Dont Lille tous les ans dans son heureuse enceinte
Voyait se dérouler la pompe auguste et sainte;
Un jour, jour mémorable, et dont le souvenir
D'espérance et d'orgueil nous fait tous tressaillir,
Lille par le serment d'une amour éternelle
Se donna pour jamais à la Vierge fidèle [1]!....

    Mais pourquoi, du passé suivant ainsi le cours,
Chercher des yeux ces flots disparus pour toujours?
Pourquoi redire ici ces fêtes des vieux âges,
De sa reconnaissance éloquents témoignages?

[1] Consécration de la ville de Lille à Notre-Dame de la Treille en 1634.

CHAPITRE IX.

Hier encor, hier, frémissant de bonheur,
Fêtant avec éclat la Reine de son cœur,
Ton peuple, célébrant ta gloire et ta bonté,
T'escortant avec pompe à travers ta cité,
Disait en te montrant sur ton char de victoire :
« Marie est notre joie et toute notre gloire,
» Et les enfants que Lille en son sein a nourris,
» O Vierge, pour jamais sont tes enfants chéris !... »

Voyez les flots pressés de cette foule immense,
Qui dans nos murs bénis se déroule et s'avance ;
Ces guirlandes de fleurs, ces drapeaux triomphants,
Ces bannières d'azur, au doux souffle des vents
Déployer leurs longs plis d'or, de pourpre et de soie,
Imposer à tout cœur les transports de la joie.
Comme une jeune épouse au jour de son bonheur
Qui de ses beaux atours emprunte la splendeur,
La Cité de la Vierge aujourd'hui s'est parée ;
D'un saint enthousiasme elle s'est enivrée ;
Défiant la rafale et les vents orageux,
Elle a forcé le ciel à sourire à ses vœux ;
Le soleil, à sa voix, se montrant à la terre
Des plus brillants rayons a salué sa mère.
Les vierges, les enfants, les prêtres, les vieillards
De Marie en priant suivent les étendards ;
Les martyrs de la foi dont parle notre histoire
Sont sortis du tombeau pour contempler sa gloire ;
Les pontifes chéris du royaume voisin,
Ceux qu'on entend bénir au rivage lointain
Unis aux saints pasteurs dont la France est si fière,
Sont venus, escortant la châsse séculaire,

Pour montrer à Marie un filial amour
Avec nos magistrats former sa noble cour.
S'élançant jusqu'aux cieux sur les ailes des anges,
Entendez maintenant ces concerts de louanges.

Salut, Reine de la cité [1],
Sa vie et sa félicité,
Sa douceur et sa providence,
Salut, Vierge, notre espérance !

De ce lieu d'exil et de pleurs,
En proie aux chagrins, aux douleurs,
Les enfants de ta bonne ville,
Aimable Patronne de Lille,
Vers toi font monter leur soupir ;
Daigne en nos malheurs nous bénir,
Vers nous incline ton oreille,
O douce Dame de la Treille ;
Baisse sur nous, du haut des cieux,
Ton œil miséricordieux !

Céleste et bienfaisante aurore,
Que ta lumière inonde encore
La cité chère à ton amour ;
Rends à ton peuple, en ce beau jour,
Sa foi vivace et séculaire,
Sa place dans ton cœur de mère.

Qu'on reconnaisse à tes bienfaits
Que tu n'abandonnes jamais

---

[1] L'auteur fait allusion au chant du *Salve Regina*, exécuté sur la place d'armes, lors de la grande procession.

CHAPITRE IX.

Ceux que ton âme maternelle
Adopte et nomme tes enfants;
Et notre voix, Vierge fidèle,
Répétera ces doux accents :
Lille est la cité de Marie,
Honneur à sa Reine chérie!
L'enfant de Lille est pour toujours
L'élu de ses chastes amours.

Aux plus beaux de ses jours ainsi Lille rendue,
Renouant du passé la chaîne interrompue,
Du droit de lui dicter ses souveraines lois
Investissant Marie une seconde fois,
Faisait avec transport à son auguste Reine
Prendre possession de son ancien domaine.
Des bienfaits de la Vierge en nos cœurs attendris
Lorsque nous rappèlons les souvenirs bénis,
Témoins de ses bontés, et témoins de l'ivresse
Dont son peuple a payé sa divine tendresse,
Epris d'un vif espoir nous essuyons nos pleurs,
Nous voyons l'avenir riche de jours meilleurs;
Marie est avec nous, sa main loin de nos têtes
Eloignera toujours les maux et les tempêtes.
Ne l'avez-vous pas vu le signe précurseur
De cette ère de paix, de gloire et de bonheur?....
Ce sanctuaire aimé que regrettaient nos pères,
Dont le nom si souvent aux lèvres de nos mères
Se mêlait aux récits de joie ou de douleur,
Et dont le souvenir, rappelant à leur cœur
Des beaux jours du passé les ineffables charmes,
De leurs yeux tant de fois a fait couler les larmes,
Ce temple, il t'est rendu, sainte et chère cité.....

JUBILÉ DE 1854.

Hier le bon Pasteur, avec solennité,
Bénit ses fondements et la pierre angulaire,
Sur qui doit reposer le nouveau sanctuaire.....

La semence est jetée et dort dans le sillon.
Dieu de grace et d'amour, fais hâter la moisson!....

X

SÉANCES POUR LA CONSTRUCTION DE L'ÉGLISE DE N.-D. DE LA TREILLE ET DE S. PIERRE.

Avant que le dernier écho des acclamations en l'honneur de N.-D. de la Treille se fût éteint, il fallait régulariser une grande entreprise. La première pierre de l'église qui portera le vocable de la Patronne de Lille avait pu être posée par un concours providentiel de circonstances; c'était comme une improvisation à laquelle personne, quelques jours auparavant, ne pouvait s'attendre. Il fallait se hâter de prendre les moyens de cimenter cette pierre, de ne pas la laisser isolée, de ne pas s'exposer à voir ces magnifiques espérances s'évanouir. Il fallait compléter la commission primitive, lui donner une nouvelle forme et lui adjoindre une commission de dames. C'est ce qui fut fait. Les dames que l'on trouve toujours à Lille disposées à coopérer aux œuvres de charité et de religion, et à y prendre une part très-active, furent convoquées à une réunion qui se tint le jeudi 6, à dix heures du matin, en la maison des Sœurs de Charité, et le P. Lavigne, dont les paroles, pendant le Jubilé et surtout lors de la cérémonie du samedi précédent, avaient touché tant de cœurs, s'était chargé de présider la séance.

Après avoir fait connaître aux nombreuses dames qui s'étaient empressées de venir au pieux rendez-vous, le but de l'association qui allait se former, le vénérable religieux organisa le comité, en priant l'assemblée de nommer les officières. On élut pour présidente générale Mme la comtesse de Vennevelles, pour présidente d'honneur Mme Besson, et pour présidente active Mme Guilbem; puis les vices-présidentes, les secrétaires et trésorières [1]. Lorsque l'organisation fut complète, le P. Lavigne dit à ces dames que l'œuvre qu'elles venaient d'établir ne devait nuire en rien à toutes celles qu'elles ont entreprises, et qui sont si abondantes dans la ville de Lille. Les félicitant des bénédictions qu'elles recevaient du ciel, « Dieu, ajouta-t-il, veut bien recevoir quelque chose de vous. Vous allez devenir les fondatrices d'un monument qui lui sera consacré, et qui rappellera aux générations futures les graces du Jubilé. Chacun y apportera sa pierre, et vous, qui aurez contribué à les amasser, vous deviendrez les pierres vivantes destinées à la construction de la

---

[1] Vice-présidentes Mmes De Courcelles, Cuvelier-Bernard, Boutry-Van Isselsteyn, Kolb, Casteleyn, Mlles de Grimbry et J. Flamen; secrétaires, Melle Delerue et Mme Vanackère; trésorière Mme Delannoy; membres Mmes Virnot, Dambricourt, de Melun, Balson, Ch. Verley, Charvet-Fockedey, Lallier, Charvet-Barroy, Dulac, de Renty, Dehau, Verley-Charvet, M^{elles} de Gennevières, Aubriot et Jamet.

céleste Jérusalem. » Entrant ensuite en quelques détails, il spécifia les points principaux du règlement qui doit régir l'association nouvelle. La commission s'assemblera tous les mois, et s'occupera de tout ce qui peut intéresser l'œuvre et aider à sa propagation.

Le même jour, à deux heures, la commission des hommes se réunit au local de *l'association lilloise*, sous la présidence de M. Kolb. Parmi les nombreux assistants, on remarquait M. l'abbé Bernard, délégué par Monseigneur, et le P. Lavigne, qui venait rendre compte de ses opérations du matin. Nous transcrivons en entier le travail lu par M. le comte de Caulaincourt. Cette pièce intéressante donne l'historique de tout ce qui a été fait et de ce qui doit être fait encore pour la construction de l'église ; voici ce rapport :

« Messieurs,

» Il y a un peu plus d'un an que M. l'abbé Combalot s'écriait à Sainte-Catherine : Heureux ! heureux ceux qui mettront leur pierre à l'église de Notre-Dame de la Treille, patronne de Lille !

» Cette parole fut accueillie avec une vive sympathie. Vous vous souvenez encore de notre première réunion. On se mit à l'œuvre avec zèle. Monseigneur voulut bien nous accorder tout d'abord son haut patronage. A sa suite le clergé, M. le préfet, M. le maire et un grand nombre de nos concitoyens s'inscrivirent en peu de temps sur les listes qui leur étaient présentées. Il y eut un véritable enthousiasme, au point qu'on se plaignit à nous plus d'une fois de n'avoir pas encore été sollicité. Les démarches faites alors n'eurent, il faut en convenir, ni tout l'ensemble ni toute l'extension désirables; cependant ce premier élan produisit une somme d'environ 300,000 francs; beau résultat, surtout si l'on considère qu'en présence d'un projet dont la réalisation paraissait aux uns impossible, à tous éloignée, personne n'était disposé à dire son dernier mot.

» Bientôt le mouvement se ralentit, diverses causes y contribuèrent. On arrivait à l'été, époque où beaucoup de familles riches quittent la ville; l'incertitude du succès, des obstacles de tous genres, mais par-dessus tout la dureté des temps s'opposèrent à d'actives démarches.

» Tout le monde désignait le Cirque comme l'emplacement le plus convenable sous tous les rapports, par son étendue, sa position centrale et éloignée des paroisses, ses souvenirs religieux et historiques. Mais combien de difficultés se rattachaient à la possession de ce terrain! Une entreprise particulière et plus tard l'administration avaient échoué dans leur tentative d'acquisition.

» Le comité se trouvait d'ailleurs dans une position singulièrement délicate : — pour oser s'avancer, il fallait de l'argent; — pour avoir de l'argent, il fallait oser s'avancer. Avant de souscrire, on ne manquait pas de demander. Où est votre terrain? quel est votre plan? Question embarrassante, vous le comprenez; car, comment acheter sans ressources? comment hasarder un plan qui avait chance de n'être jamais réalisé? On tournait ainsi fatalement dans un cercle vicieux; la confiance ne pouvait être complète et naturelle, la générosité s'en ressentait.

» Peu à peu, l'action extérieure a cessé; tout le travail a dû se concentrer dans le sein de la commission que vous aviez nommée; car il n'était ni prudent ni discret, vous le sentez trop, d'occuper le public de ses efforts, de ses espérances. Cependant les encouragements ne manquaient pas et prouvaient que l'œuvre était goûtée et comprise; il ne fallait qu'une circonstance heureuse pour réveiller toutes les sympathies. La commission profitait de toutes les occasions. C'est ainsi que, pendant le court séjour de l'Empereur à Lille, une audience fut obtenue par l'intermédiaire de M. le préfet : une députation bien accueillie emporta, avec des paroles bienveillantes, la promesse de concours. Si, jusqu'à présent, elle ne s'est point réalisée, c'est surtout à cause de l'état peu avancé de la question. M. le préfet ne l'a pas perdue de vue; il a eu l'occasion d'en reparler à l'Empereur, le succès lui paraît assuré.

» Diverses tentatives avaient été faites auprès des propriétaires du terrain du Cirque. Votre commission, sentant toute la responsabilité qui pesait sur elle, avançait pas à pas, s'attachant uniquement aux combinaisons qui exigeaient de moins grands sacrifices. C'est ainsi qu'on chercha d'abord à se substituer simplement aux arrentaires; mais il fallut se résoudre à acheter. Malgré tout ce qu'on pût faire, l'affaire avançait si peu, qu'aux approches du Jubilé, les plus confiants ne pouvaient s'empêcher de craindre un ajournement indéfini. Les choses en étaient là lorsque le R. P. Lavigne arriva à Lille; avec la parole chaleureuse que vous lui connaissez, il ranima les courages : « Il y a, disait-il, dans toute œuvre, le jour, l'heure de la Providence, il faut les saisir. Si vous ne profitez pas du moment si favorable du Jubilé, votre œuvre est compromise et peut être perdue. » Dès ce moment, les négociations furent reprises avec ardeur, on offrait aux propriétaires de prendre tout le terrain libre à condition d'acquitter tout l'arrentement; on les déchargeait ainsi d'une charge annuelle de 2,400 francs, sans diminuer leur revenu. Cette proposition ne fut pas acceptée, la famille déclara qu'elle ne céderait sa propriété qu'au prix de 260,000 francs qu'elle avait d'ailleurs demandés à Paris, deux mois auparavant. La commission, effrayée d'une somme qui devait absorber presque tout le capital de la souscription, et embarrassée d'ailleurs par la difficulté d'acheter en commun, qui entraînait d'énormes droits et une solidarité impossible à faire accepter, aurait reculé, si une si généreuse initiative ne s'était offerte à porter seule toute la responsabilité.

» M. Desrousseaux, notaire de la famille Dussart, tout en

sauvegardant les intérêts de ses clients, se prêta avec un empressement qui mérite toute votre reconnaissance à tout ce qui pouvait amener une solution. Sur nos instances, il consentit à quitter ses affaires pour se rendre à Paris. Le lendemain, une dépêche télégraphique annonçait des prétentions d'une exagération manifeste ; on avait été hardi, aller plus loin c'eût été compromettre l'œuvre et tenter la Providence. La commission fut unanime pour refuser ; la décision fut prise avec un grand serrement de cœur, mais sans la moindre hésitation.

» Tout était donc indéfiniment ajourné, lorsque tout-à-coup, la veille de saint Pierre, à dix heures du soir, le bruit se répand que l'acte est signé. Ainsi, tout s'arrangeait au moment où plus que jamais tout paraissait manqué. La position était entièrement changée ; nous n'étions plus qu'en présence d'un ami généreux qui voulait bien nous laisser tous les avantages et ne garder pour lui que la responsabilité. Grace à lui, grace à lui seul, l'œuvre de N.-D. de la Treille se trouve en possession d'un terrain immense, susceptible d'acquérir une valeur considérable, en partie arrenté, en partie patrimonial, dont la partie arrentée seule contient près de 9,000 mètres. Je le dis à dessein à l'adresse de ceux qui, hors de cette enceinte, ont répété, sans mauvaise intention sans doute, qu'un terrain de 3,000 francs seulement avait coûté 260,000 francs.

» Un délai de cinq ans permettra d'employer la plus grande partie des fonds de la souscription actuelle en construction. Pour répondre à l'impatience générale, nous commencerions demain — si le plan pouvait être prêt. — La première pierre est posée, et comme on l'a si bien dit, l'église monumentale en l'honneur de N.-D. de la Treille est fondée.

» La façade devait d'abord être tournée vers la rue de la Grande-Chaussée, mais on a observé qu'une cathédrale devait être orientée, et on a été conduit à choisir la position actuelle qui est préférable sous tous les rapports, et permet de se développer librement.

» Remarquez, je vous prie, Messieurs, les merveilleuses coïncidences de ce grand évènement. Il se passait, au milieu des graces ineffables du Jubilé, la veille de la fête du patron de notre ancienne collégiale, qui doit être l'un des patrons de la nouvelle église, dans ce temps qui, une fois par siècle, est consacré à célébrer par des pompes extraordinaires les gloires de Marie. Admirons ensemble les voies mystérieuses de la Providence ! qui aurait pu penser (en 1848) que la révolution et les ateliers nationaux préparaient le terrain pour le sanctuaire de la sainte Vierge, et jetaient les premières bases de N.-D. de la Treille ?

» Quel bonheur pour la commission de décider, le jour même de la fête de saint Pierre, que la pose de la première pierre serait le prélude de la grande procession. On devait à tout prix profiter de la présence des prélats et des étrangers, avant la fin du Jubilé. Il fallut tout improviser en vingt-quatre heures : s'entendre avec M. le directeur de la douane, préparer le terrain, et les mille et un détails d'une grande cérémonie, l'annoncer au public. Les invitations en règle étaient impossibles. Mgr l'Archevêque, M. le préfet, M. le maire, les autorités militaires, qui voulaient bien prêter leur concours, furent seuls visités, et ce n'est qu'au dernier moment que le secrétaire put trouver un instant pour courir chez M. le president et plusieurs membres de l'administration des hospices, qui auraient tous reçu une invitation, si le temps l'eût permis.

» Je n'insisterai pas sur cette joie universelle qui allait jusqu'à nous étonner nous-mêmes. Vous avez vu l'empressement du clergé, des autorités, de la population, dont un trop détestable *mauvais temps* n'a pu arrêter l'élan. Vous avez salué, comme nous, ce soleil qui apparaissait radieux au moment où la sainte Vierge allait commencer sa marche triomphale dans sa ville chérie. Vous avez entendu, au milieu d'un profond recueillement, la voix d'un éloquent prélat consacrer de nouveau Lille à Marie, à N.-D. de la Treille ; vous l'avez vu déplorer la ruine de l'insigne basilique qui abritait autrefois l'image vénérée, et appeler de tous ses vœux un nouveau sanctuaire digne de l'illustre patronne de la cité. Tous les cœurs sont encore sous l'impression de ces grandes émotions; mes paroles ne pourraient que les affaiblir.

» Messieurs, nous vous devions l'histoire du passé; laissez-moi encore un instant la parole pour vous dire les projets et les espérances de l'avenir.

» Déjà les fruits du Jubilé se font sentir. M. l'ambassadeur d'Espagne a fait connaître les dispositions favorables de sa grande souveraine. Une double demande va être adressée à l'Empereur des Français et à la Reine d'Espagne.

» Déjà nous connaissons des dons qui vous combleraient de joie et doubleraient votre confiance, s'il nous était permis de vous en révéler l'importance. C'est un gage de ce que nous pouvons attendre : les dons extraordinaires ne nous manqueront pas.

» Comptons, Messieurs, sur des miracles comme il s'en fait tous les jours et que notre inattention seule nous empêche d'apercevoir. Un bonheur, un malheur de famille, mille ressorts secrets viendront grossir le trésor de Notre-Dame. N'est-ce pas Dieu qui ouvre les cœurs et qui délie les bourses? Nous avons trop reçu pour ne pas espérer encore davantage; que dis-je? les ressources que les pieuses industries de la charité nous obtiendront seront peut-être les moindres.

» Mais il vous tarde de savoir ce qui a été fait pour préparer les constructions. Je me hâte. Dès le début, vous avez déclaré que le plan devait être mis au concours; c'est le mode impartial par excellence, il laisse une libre carrière à toutes les justes prétentions; mais pour éviter le défaut de goût et se mettre à l'abri de l'esprit d'intrigue et de coterie, vous vouliez en outre un jury placé au-dessus de toutes les influences, un jury composé de noms connus et respectés dans toute l'Europe, et dont l'autorité fût irrécusable. Nous avons cherché, Messieurs, à remplir vos intentions. Voici la composition de ce jury : MM. le P. Martin, de Caumont, Didron, de Contencin, d'Anstaing, Bochery. Nous nous sommes adressés au P. Martin, l'auteur du célèbre ouvrage sur les vitraux de Bourges, qui occupe d'ailleurs un rang des plus distingués dans le monde archéologique ; il a fait de grands travaux. Vous pouvez vous faire une idée imparfaite de son mérite en allant admirer à Roubaix le magnifique travail qu'il vient d'y envoyer.

» Nous avons aussi écrit à M. de Caumont, si connu dans toute l'Europe, le père de la science archéologique, le grand organisateur de tous les congrés dont il dirige les travaux avec une supériorité incontestée ; à M. Didron, dont les savantes publications sont répandues partout, arbitre souvent consulté, appelé dernièrement avec le P. Martin par la ville du Puy pour juger un concours provoqué comme le nôtre par M. l'abbé Combalot.

» Nous avons également fait appel à M. de Contencin, directeur de l'administration des cultes, sans cesse occupé des monuments religieux, qui prend d'ailleurs un intérêt particulier au succès de l'œuvre. Nous l'avons prié de se charger de la rédaction du programme ; personne n'est plus à même que lui de le bien faire.

» M. d'Anstaing, notre voisin, d'origine lilloise, qui a si parfaitement réussi dans la restauration de la cathédrale de Tournai, qui a conduit de grands travaux avec une économie égale à sa science et qui connaît les habitudes et les matériaux du pays, nous était également indiqué. Enfin, nous avons été jusqu'en Allemagne chercher M. Bochery, qui est considéré comme l'homme le plus compétent sur le rapport archéologique.

» Vous le voyez, Messieurs, les garanties sont complètes, une réunion d'hommes aussi éminents attirera les architectes les plus habiles. Déjà nous savons qu'en Allemagne et en Belgique on se propose de se mettre sur les rangs ; nous ne serons pas seuls à ce projet ; nous aurons donc un concours européen. Dans cette œuvre, où tout doit être grand, les architectes chrétiens trouveront une excellente occasion d'étudier un monument dans son ensemble et dans ses détails. Ce travail, n'en doutez pas, sera fécond pour l'art, et aura des résultats précieux pour les nombreuses églises qui s'élèvent de toutes parts, trop souvent en dehors de toutes les règles du goût et des saines traditions.

» Au jour de la Visitation toutes les populations s'ébranlaient en l'honneur de N.-D. de la Treille. Pas un seul homme, peut-être, dans notre ville, qui, même à son insu, ne s'occupât de la sainte Vierge.

» La fête de Lille aura son écho dans toute l'Europe. Le concours réveillera les glorieux souvenirs de la célèbre confrérie de Notre-Dame, et bientôt les architectes les plus capables de la France, de la Belgique, de l'Allemagne et de l'Angleterre, vont mettre à leur tour toutes les ressources de leur génie au service de notre illustre et sainte patronne. »

A la suite de cette lecture, et après quelques communications de M. le président à l'assemblée, le P. Lavigne fit connaître la formation de la commission des dames : « Le Seigneur, ajouta-t-il, s'est montré admirable dans ces circonstances : une personne inconnue s'est présentée à moi en m'offrant de remettre immédiatement, pour la construction de l'église, une somme de cent mille francs, je n'ai accepté que dix mille francs par année ; une autre offre de deux mille francs m'a été également faite. » Sur la proposition de M. l'abbé Bernard, l'assemblée décida que la future église joindrait à son vocable de N.-D. de la Treille celui de St-Pierre. Ces deux titres réunis maintiendront les traditions des anciens âges, diront la foi du présent et appelleront la piété de l'avenir.

ÉPILOGUE

Nous avons mis fin à notre double tâche : pour nous, se terminent en ce moment les fêtes séculaires de N.-D. de la Treille, qui, pour nous, ont commencé il y a près de huit mois. Nous les avons décrites telles qu'elles se sont passées sous nos yeux, dans tous leurs épisodes et dans tous leurs détails.

Si, après avoir mis la dernière main à ce travail, nous jetons un regard rétrospectif sur ces pompes et ces solennités, en voyant cette démonstration religieuse qui n'admet aucun point de comparaison, qui n'a été exigée, commandée par personne, et qui ne devait rapporter aucun avantage humain à ceux qui y ont pris part, nous demanderons quelle n'est pas encore, dans nos belles contrées, la vivacité de la foi ? Elle seule, comme un levier puissant, elle seule a soulevé une ville de soixante-quinze mille âmes, un peuple tout entier !.... A quoi donc ont servi les discours, les déclamations, les récits inventés dont on a long-temps rassasié le peuple, pour le soustraire à l'influence de la religion ? Il a suffi à la religion de dire : « Peuple de Lille, je vais célébrer la fête séculaire de votre patronne ; que ceux qui sont restés attachés à la foi de leurs pères se montrent... Et tous se sont levés : pas un homme n'est resté étranger à cet heureux mouvement !.... A quel point ont été confondus ceux qui trouvaient que l'empire de la religion sur les cœurs était frappé d'impuissance, que sa force était anéantie ? La religion n'a eu qu'à se montrer ! Elle a répondu à ses détracteurs comme ce philosophe de l'antiquité devant qui on niait le mouvement : elle a marché ! oui, elle a marché, et tous l'ont suivie !....

Puisse ce livre aider la population lilloise à conserver un éternel souvenir de ces grandes choses ! Puisse-t-il, en lui rappelant les douces joies dont elle a été inondée pendant ces beaux jours, contribuer à augmenter les sentiments de foi dont elle a donné de si magnifiques témoignages ! Daigne la patronne bien-aimée de la ville de Lille, bénir ce modeste travail et lui faire porter ses fruits ! c'est l'unique récompense que nous en attendons.

Que l'on nous permette d'exprimer encore un vœu. Lorsqu'en 1954, Lille renouvellera l'hommage séculaire qu'elle a offert cette année à Notre-Dame de la Treille, peut-être consultera-t-on cet écrit ; nous demandons à ceux qui seront alors, et entre les mains desquels ce livre pourra tomber, de vouloir bien se souvenir de nous devant le Seigneur, et de nous obtenir par leurs prières le bonheur de voir les fêtes et les triomphes éternels, dont les solennités que nous avons décrites nous ont procuré l'avant-goût.

FIN.

Souvenez-vous, aimable et puissante patronne de Lille, que cette ville vous a été consacrée et que tous ses enfants sont aussi les vôtres. Soyez toujours sa mère comme vous êtes sa souveraine, et éloignez de ses murs tout ce qui pourrait y apporter l'affliction. Par votre intercession près de votre divin Fils, obtenez-nous, avec le pardon de nos fautes, l'accroissement dans la foi et dans la charité; répandez la paix dans les familles, l'union dans la société, la félicité dans toutes les âmes; faites que les Lillois n'aient qu'un cœur pour servir Dieu et la patrie, et que tous soient un jour réunis avec vous dans la gloire de l'éternité. O Mère de bon secours, de miséricorde et de consolation, ô Notre-Dame de la Treille, priez pour nous. Ainsi soit-il.

TABLE DES MATIÈRES

Dédicace.

Un mot au lecteur.

CHAPITRE I.

DISPOSITIONS PRÉLIMINAIRES.

Jubilé séculaire de Notre-Dame de Grace de Cambrai en 1852. — Députation lilloise offrant un *ex-voto* à la patronne du diocèse. — Souscription pour la construction de l'église de N.-D. de la Treille. — Nomination de l'ordonnateur de la fête séculaire de Lille. — Perplexités. — Organisation d'un comité. — Ses opérations.— Discussions sur la manière dont l'image de la sainte Vierge sera portée en procession ; un mot de M. le docteur Le Glay. — Monseigneur l'Archevêque de Cambrai, prêchant dans l'église Saint-Maurice, annonce la réception de la bulle du Jubilé.   5

CHAPITRE II.

SERVICE FUNÈBRE POUR M. LEVASSEUR.

Motifs de cette cérémonie. — Vote du Conseil municipal. — Oraison funèbre prononcée par M. l'abbé Bernard, archidiacre de Lille.   11

216 TABLE DES MATIÈRES.

CHAPITRE III.

PRÉPARATIFS DU JUBILÉ.

Préoccupation des Lillois. — Souscription par les Membres de la Conférence de Saint-Vincent de Paul. — Travail des dames et des communautés religieuses. — Notices sur l'image de N.-D. de la Treille. — Œuvres artistiques : Sculpture et statuaire. — Dessin. — Ciselure. — Musique.— Gravure. — Peinture. — Médailles. — Zèle des familles. — Prélats invités. — Prélats qui assisteront au Jubilé, noms des personnes chez lesquelles ils seront reçus: — Lettre à la reine d'Espagne. — Zèle des autorités administrative, civile et militaire. — Le programme est publié. — Mandement de Monseigneur l'Archevêque de Cambrai, lettre du Pape Pie ix. — Prédications du P. Lavigne dans l'église Saint-André. — Décoration de l'église Sainte-Catherine. — Description de la châsse de N.-D. de la Treille. — Bénédiction d'une cloche.

CHAPITRE IV.

OUVERTURE DU JUBILÉ.

Premières vêpres. — Ouverture de la station jubilaire par Monseigneur Dufêtre, évêque de Nevers. — Portrait de l'orateur.   48

JOURNÉE DU DIMANCHE.

Premières prédications. — Office pontifical, messe exécutée par l'*Union chorale*. — Premier discours du P. Souaillard. — Portrait de l'orateur. — Salut du soir. — Illumination de l'église.   51

JOURNÉE DU LUNDI.

Pèlerinage des paroisses de Wazemmes, Fives, Hellesmes, Mons-en-Barœul, Loos et Lambersart. — Procession de Saint-Etienne. — Office pontifical. — Messe et cantate exécutées par la musique du 6e régiment d'infanterie légère. — Conférences pour les dames. — Vêpres. — Sermon.— Salut du soir exécuté par la Société de Saint-Joseph. 56

JOURNÉE DU MARDI.

Pèlerinage des paroisses de Lomme, la Madeleine (*extra-muros*), Esquermes, Croix, Wambrechies et Marquette. — Procession de Saint-Sauveur. — Messe solennelle. — Vêpres. — Sermon. — Salut exécuté par le chœur de N.-D. des Anges, de Tourcoing. 63

JOURNÉE DU MERCREDI.

Empressement des fidèles. — Tribunaux de la pénitence.— Table sainte. — Pèlerinage des paroisses de Frelinghien, Verlinghem, Seclin, et du pensionnat de Saint-Joseph. — Procession de Saint-Maurice. — Messe. — Vêpres. — Sermon. — Salut par le chœur de N.-D. à Roubaix. — Allocution de M. l'abbé Bernard. 67

JOURNÉE DU JEUDI.

Pèlerinage des filles repenties du Bon-Pasteur, du pensionnat de Marcq, des paroisses d'Haubourdin, de Sequedin, de Flers et du collège de Tourcoing. — Procession de la Madeleine. — Vêpres. — Sermon. — Salut du soir par les *Mélomanes* lillois. 72

JOURNÉES DU VENDREDI ET DU SAMEDI.

Pèlerinages particuliers. — Dons à N.-D. de la Treille. — Frères de Saint-Jean de Dieu. — Pèlerinages des paroisses de Saint-André (*extra-muros*) et de Beaucamps, des Conférences de Saint-Vincent de Paul de Roubaix et des élèves du Monastère d'Esquermes. — Offices pontificaux, procession de Saint-André. — Saluts par les *Orphéonistes* lillois et par une société de Douaisiens.   79

CHAPITRE V.

POSE DE LA PREMIÈRE PIERRE DE L'ÉGLISE DE NOTRE-DAME DE LA TREILLE.

Procession. — Chants. — Discours de M. le Préfet.— Cérémonie. — Discours du P. Lavigne. — Procès-verbal.   84

CHAPITRE VI.

SÉANCE DE LA SOCIÉTÉ DE SAINT-VINCENT DE PAUL.

Motifs de la séance. — Discours du Président et du Rapporteur. — Allocution des dix Prélats. — Dernier sermon du P. Souaillard. 95

JOURNÉE DU DIMANCHE.

Acrostiche à N.-D. de la Treille. — Intempérie. — *Ex-voto* de l'Evêque de Gand. — Arrivée des députations de Tournai, Aire, Tourcoing, Roubaix, Comines, Douai, avec leurs *ex-voto.*— Cambrai ne peut arriver. — Messe cardinalice. — Pensionnat de N.-D. de la Tombe.   150

CHAPITRE VII.

PROCESSION GÉNÉRALE DU JUBILÉ.

Décoration des rues. — Organisation de la procession. — Le rayon de soleil. — Marche de la procession. — Bannières historiques. — Ire partie : Paroisses de Saint-André, Saint-Maurice, la Madeleine, Saint-Sauveur, Sainte-Catherine et Saint-Etienne. 136

IIme partie : Hospices. — Œuvres. — Religieuses et Religieux. 155

IIIme partie : Châsses des ss. Everard, Winoc, Piat, Chrysole, Eleuthère et Marcel. — Châsse de la vraie Croix. 159

IVme partie : Dames de l'adoration du Saint-Sacrement. — Groupe du Rosaire. — Députation. — Chœur. — Pages et dames d'honneur de N.-D. de la Treille. — Les trois prédicateurs. — Châsse de N.-D. de la Treille. — Nosseigneurs les Evêques, les autorités. 163

CHAPITRE VIII.

STATION DE LA PROCESSION SUR LA PLACE D'ARMES.

Itinéraire. — Reposoir. — Description. — Chant. — Discours de l'Evêque de Nevers. — Acclamations. — Rentrée à l'église. — Les Evêques reconduits au presbytère. — Banquet. — Toasts. — Illumination. 168

CHAPITRE IX.

VISITE DES ÉVÊQUES AU PENSIONNAT DE MARCQ.

La foule à Sainte-Catherine. — Effets du Jubilé. — Arrivée des

Evêques au pensionnat. — Poésie par M. Henri Monnier.— Banquet. — Poésie à N.-D. de la Treille. 177

CHAPITRE X.

SÉANCES POUR LA CONSTRUCTION DE L'ÉGLISE DE NOTRE-DAME DE LA TREILLE ET DE SAINT-PIERRE.

Comité des dames. — Comité des hommes. — Rapport sur l'œuvre. — Offrandes annoncées par le P. Lavigne. — Double vocable. 201

Epilogue. 211

Prière à Notre-Dame de la Treille. 214

FIN DE LA TABLE

Lille. Typ. L. Lefort. Septembre 1854.

www.ingramcontent.com/pod-product-compliance
Lightning Source LLC
Chambersburg PA
CBHW050641170426
43200CB00008B/1105